Bildschön & Geistreich

Biblische Frauen im Spiegelbild der Stadt

Geleitwort von
Regierungspräsidentin
Veronica Schaller
Vorwort von
Prof. Dr. Regina Wecker

Mit Beiträgen von
Ivana Bendik
Sabine Bieberstein
Irina Bossart
Franziska Edelmann
Käthy Ehrensperger
Ruth Epting
Li Hangartner
Brigitte Hauser
Verena Jegher-Bucher
Christina Kurth
Agnes Leu
Regine Munz
Gabriela Pitsch
Silvia Schroer
Doris Strahm
Silvia Strahm Bernet
Mirjam Wey

Herausgegeben vom
Verein Frauenstadtrundgang
Basel

Idee, Konzept und
Schriftleitung:
Irina Bossart und Mirjam Wey

eFeF-Verlag
Bern 1999

Geleitwort 9
Vorwort 11
Einleitung 13

Rundgang 1
Demonstrativ vor der Tür 17
Delila 20
Eva 24
Lilit 30

Rundgang 2
Programmatisch an der Fassade 37
Maria 40
Susanna 47
Die samaritanische Frau 53

Rundgang 3
Denkwürdig in der Kirche 59
Anna 62
Maria von Magdala 68
Salome 74
Elisabet 79

Rundgang 4
Unerkannt an ihrem Ort 85
Hagar 88
Die Königin von Saba 94
Die krumme Frau 98

Rundgang 5
Säkularisiert in der Kirche 105
Hanna 108
Johanna 112
Marta 118

Rundgang 6
Verehrt im Museum 125
Batscheba 128
Ester 134
Die salbende Frau 140

Autorinnen 146
Verein Frauenstadtrundgang 148
Bildnachweis 150
Impressum 151

Anna Selbdritt, Anf. 16. Jh.,
Kaplänesakristei St. Peter
▸

Die Dreifaltigkeit, Peter Paul Rubens (1577–1640), Öffentliche Kunstsammlung Basel, Kunstmuseum (Depositum der Stiftung zur Förderung niederländischer Kunst in Basel)
▾

Geleitwort

Vorwort

Einleitung

Geleitwort

Auf den ersten Blick ist eine Stadt weder männlich noch weiblich: Wir nehmen die Stadt und die Bevölkerung, das Alltagsleben und die besonderen Manifestationen als Ganzes wahr. Auf den zweiten Blick dominieren eindeutig männliche Strukturen und Unternehmen, die in öffentlichen und privaten Gebäuden, in Beschriftungen und in der Gestaltung der Umwelt sichtbar werden. Und wo sind eigentlich die Frauen? Es braucht einen dritten Blick, um ihre Präsenz überhaupt wahrzunehmen.

Es ist das Verdienst des Vereins Frauenstadtrundgang, dass dieser dritte Blick möglich geworden ist. Seit zehn Jahren öffnen uns die Frauenstadtrundgänge die Augen für die Existenz und die Leistungen der Frauen in Basel. «Wie interessant! Das habe ich nicht gewusst!» – das ist wohl die häufigste Reaktion der Frauen und sicher auch der Männer, die an einem Frauenstadtrundgang teilnehmen.

Bei manchen mag sich auch die kritische Frage einstellen, warum wir das bisher nicht gewusst haben. Gerade die Historikerinnen der Universität Basel forschen und publizieren seit längerer Zeit über die Geschichte der Frauen. Aber wer ist schon vertraut mit all den Lizentiatsarbeiten, Dissertationen und anderen Publikationen, die hier entstanden sind? Frauenstadtrundgänge sind ein besonders attraktives Medium, um die Erkenntnisse aus dem universitären Bereich hinaus an die Öffentlichkeit zu bringen – vor allem deshalb, weil die Stadtrundgänge das historische Wissen mit dem eigenen, unmittelbaren Erfahrungsbereich verknüpfen und weil sie sinnliche Wahrnehmungen ermöglichen. Um so schöner, dass sich den Historikerinnen auch Frauen aus anderen Wissensgebieten angeschlossen haben – Kunsthistorikerinnen, Geografinnen, Theologinnen.

Ich danke dem Verein Frauenstadtrundgang für seine Initiative und seinen Ideenreichtum bei der Realisierung immer neuer Themen in den letzten zehn Jahren. Und ich wünsche dem Verein – gerade für die besonders spannenden Rundgänge über die biblischen Frauen – viele interessierte Leserinnen und Leser, die sich mit dem Buch auf den Weg machen.

Veronica Schaller
Regierungspräsidentin Basel-Stadt

Vorwort

10 Jahre Frauenstadtrundgang

Ergebnisse wissenschaftlicher Forschung werden von der Öffentlichkeit erst nach längerer Zeit zur Kenntnis genommen. Vorträge und selbst Zeitungsartikel erreichen oft nur ein kleines und wissenschaftlich besonders interessiertes Publikum. Es fehlt an Spezialisten und Spezialistinnen, die bewältigen, was heute als Wissenschaftstransfer bezeichnet wird: die Umsetzung von Forschungsergebnissen in eine Form, die anspricht, informiert und neugierig macht.

Es gibt allerdings Ausnahmen: die Frauen- und Geschlechterforschung pflegt den Dialog mit der interessierten Öffentlichkeit. Einerseits ist den Forschenden die öffentliche Auseinandersetzung wichtig, andererseits aber ist auch das gesellschaftliche Interesse an der Forschung besonders gross, und zwar in unterschiedlichen Kreisen: bei historisch oder theologisch interessierten Frauen, bei Frauen und Männern, die an Gleichstellungsfragen interessiert sind oder aber einfach sich nicht auf eine Weltsicht beschränken wollen, in denen Männer normsetzend sind und Frauen schlicht nicht vorkommen.

Die Frauenstadtrundgänge sind seit 10 Jahren eine vielbeachtete Form dieses Dialogs mit der Öffentlichkeit. Im Zusammenhang mit dem 100-jährigen Jubiläum der Zulassung von Frauen zum Studium an der Universität Basel wurden sie mit dem Ziel gegründet, einer androzentrischen Weltsicht eine Welt entgegenzustellen, in der auch Frauen und das Wissen von Frauen eine Rolle, spielt und sie sind heute aus dem kulturellen Angebot der Stadt Basel nicht mehr wegzudenken. Hier präsentieren Wissenschaftlerinnen Ergebnisse der Forschung, die sie im Rahmen ihres Studiums, ihrer Arbeit an der Universität oder im Rahmen ihrer beruflichen Tätigkeit erarbeitet haben. Wichtig für den Erfolg der Stadtrundgänge ist aber nicht nur die Tatsache, dass hier Forschung vorgestellt wird, sondern es ist vor allem auch die Präsentation, die sie zu einem Publikumsmagnet macht: in der Form des Stadtrundgangs wird mit theatralischen Mitteln nicht nur Wissen sondern es werden auch Eindrücke vermittelt, die den Ort des Geschehens einbeziehen.

Die Darstellung in dieser Form, die Visualisierung bedingt allerdings eine starke Vereinfachung. Beschränkung auf das Wesentliche ist angesagt – eine Beschränkung, die Wissenschaftlerinnen und Wissenschaftlern oft schwer fällt. Auch das Publikum möchte gern die einmaligen aber flüchtigen Eindrücke ergänzen: Publikationen verfestigen die Eindrücke, bieten ausführlichere, profunde und doch lebhafte Information. Mit «Bildschön & Geistreich» liegt ein Jubiläumsband vor Ihnen. Ich wünsche den Leserinnen und Lesern eine interessante und gleichzeitig unterhaltsame Lektüre und dem Frauenstadtrundgang die Fortsetzung seines Erfolgs im zweiten Jahrzehnt.

Regina Wecker
Professorin für Frauen- und Geschlechtergeschichte
an der Universität Basel

Einleitung

Eine alte Stadt birgt viele bildhafte Zeugnisse von biblischen Frauen. Sie finden heute kaum mehr Beachtung. Die in den Bildern verborgenen Geschichten sind oft vergessen. Am Beispiel von Basel wollen wir einen Blickwechsel vornehmen und die biblischen Frauen vom Schattendasein ins Licht rücken. Sechs informative und zugleich besinnliche Rundgänge führen zu verschiedenen Bildorten in der Stadt: auf belebte Plätze, in ruhige Innenhöfe, in stille Kirchenräume, zu alten Brunnen, Fassaden und Portalen oder in Museen. «Bildschön & Geistreich» bringt die Bilder wieder zum Sprechen. Die dargestellten Geschichten werden neu erzählt und reflektiert. Wenn wir als Betrachterinnen und Betrachter den Bildern Aufmerksamkeit schenken, verleihen wir ihnen wieder Bedeutung. Es ist eine Frage der Perspektive und der Definitionsmacht, was im Blickfeld erscheint, ob offensichtlich oder versteckt, ob marginal oder zentral. In der Wahrnehmung, aber auch in den Darstellungen selbst widerspiegelt sich die Rezeptionsgeschichte der biblischen Frauen. Die Künstler, vereinzelt vielleicht auch Künstlerinnen, schufen die Werke nach ihrem Verständnis und ihrer Deutung der Geschichten. Doch schon die Geschichten selbst sind in ihrer Zeit mit einer bestimmten Absicht und aus einer bestimmten Optik verfasst worden.

«Bildschön & Geistreich» erzählt die Geschichten der biblischen Frauen neu und befragt den Inhalt auf seine Bedeutung für die Gegenwart. Es sind Erzählungen voller Lebensmut und theologischer Weisheit; es lohnt sich, ihrer zu gedenken. Die vorliegende Stadtführerin rückt neunzehn Frauengestalten des ersten und zweiten Testaments ins Bild. Die einzelnen Porträts umfassen je vier Teile: die biblische Erzählung, Aspekte aus der Wirkungsgeschichte, einen besinnlichen Teil und einen Bekenntnissatz. Jeweils drei Porträts bilden zusammen eine Rundgangseinheit. Den sechs Einheiten ist je eine Trinitätsdarstellung vorangestellt. Christlicher Glaube sieht Gott als dreieinig oder dreifaltig. Die Tradition kennt hierfür verschiedene Erklärungs- und Darstellungsformen. Jüngere Forschungsarbeiten belegen sogar Hinweise auf eine dreigestaltige weibliche Gottheit, deren Spuren weit in vorchristliche Zeiten zurückreichen. Das trinitarische Gottesbild bringt Differenz und Gleichheit, Einigkeit und Beziehungshaftigkeit zum Ausdruck. Im Zentrum steht Bezogenheit, nicht unüberbrückbare Gegensätzlichkeit, eine Deutung der Trinität, die interessante neue Perspektiven eröffnet.

Ein aufmerksamer Blick kann überall Dreiheiten erkennen, die göttliche Beziehungen versinnbildlichen. Die Trinität ist auch ein Symbol für Vollkommenheit und Heilsein. «Heil» bedeutet ursprünglich «gesund», «unversehrt», «ganz» und «gerettet». Im Kontext der vorliegenden Publikation kann das heissen: Wo Menschen ihre Kraft und Fähigkeiten einsetzen für das Heil der Welt, wo Frauen und Männer inspiriert-kreativ, zärtlich und mutig gerechte Beziehungen schaffen im Vertrauen auf eine tragende Kraft, da wird Glaube wahrnehmbar und wahrhaftig, da ereignet sich Gott.

Irina Bossart

Die Weisheit in der Dreifaltigkeit, Kuppel der Annakapelle, Mariastein

Rundgang 1

Demonstrativ vor der Tür

Delila

Eva

Lilit

Delila
am Barfüsserplatz

1

Eva
am Spalentor

2

Lilit
am Claraplatz

3

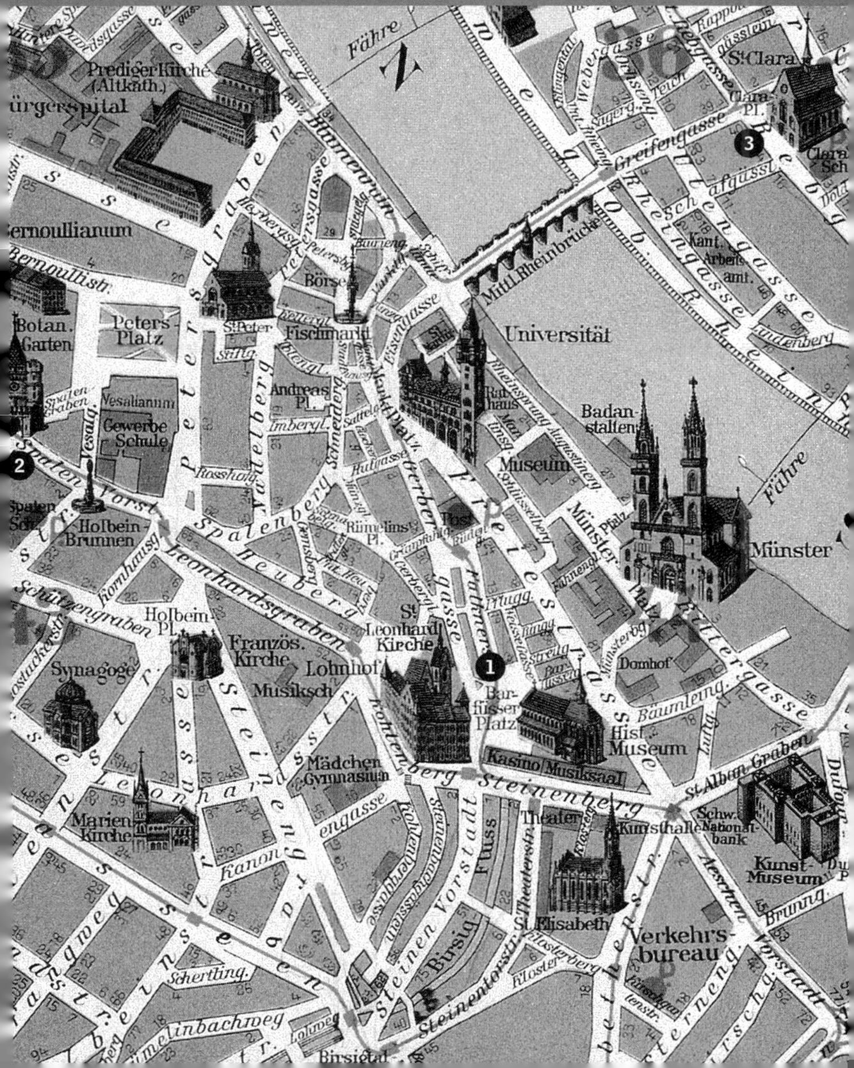

Delila

Eine Frau entdeckt göttliche Kraft

Von Brigitte Hauser

Delilas Geschichte aus Richter 16,4–21 ist untrennbar mit derjenigen Simsons verknüpft. Doch was wäre der starke Held Simson ohne die Frauen, die ihn umgeben? Da ist zunächst seine Mutter. Sie erhält Besuch von einem Boten Gottes, einem Engel, der ihr die Geburt eines Sohnes ankündigt. Dieser Sohn wird ein «Gottgeweihter sein von Mutterschoss an». Darum darf kein Schermesser auf sein Haupt kommen. Mit solch göttlicher Kraft ausgerüstet, wird es seine Aufgabe sein, Israel von der Besatzung der Philister zu befreien. Erst nach zwei weiteren Frauen im Leben Simsons – einer namenlosen Philisterin, die für kurze Zeit Simsons Ehefrau wird, und einer Prostituierten – taucht Delila auf, wahrscheinlich eine Philisterin. Delila scheint eine einflussreiche Frau zu sein. Sie hat Kontakte zu den Fürsten der Philister. Diese offerieren ihr viel Geld, wenn sie Simson das Geheimnis seiner Kraft entlockt und es ihnen preisgibt. Zwischen Simson und Delila kommt es zu einem Spiel. Dreimal befragt sie ihn über das Geheimnis seiner Kraft. Und dreimal gibt ihr Simson eine falsche Antwort. Erst als Delila ungehalten reagiert, offenbart ihr Simson das Geheimnis seiner göttlichen Kraft, das in seiner nie geschorenen Haarpracht liegt. Daraufhin schläft Simson in Delilas Schoss ein. Sie nutzt die günstige Gelegenheit und lässt seine Haare schneiden. Die göttliche Kraft weicht von ihm. Die herbeigerufenen Philister ergreifen ihn, stechen ihm die Augen aus und werfen ihn ins Gefängnis. Was Delila von den Grausamkeiten dieser Philister hält, ist nicht überliefert.

Delila – ein Vorbild für James Bond?

Die Delila-Simson-Geschichte trägt märchenhafte Züge. Der starke Held vermag zwar ganze Heerscharen zu besiegen, aber den Verführungskünsten einer Frau erliegt er. Weiberlist gegen Männermacht – ein bekanntes Motiv, auch in biblischen Geschichten. Frauen kämpfen nicht mit Muskelkraft, sondern mit List. Ob das in der Realität auch so ist, sei dahin gestellt. Biblische Geschichten sind ja bekanntlich aus Männeroptik verfasst. Und dass darin die List den Frauen zugeschrieben wird, hat etwas Entlarvendes. List ist die Überlebensstrategie derer, die nur einen kleinen oder gar keinen Anteil an der Macht besitzen. Dazu zählen grösstenteils auch die Frauen.

Delila und Simson tragen die
Basler Tracht des 16. Jahrhunderts,
Brunnstockfigur, um 1570/75,
Barfüsserplatz, Original im
Historischen Museum Basel

Im biblischen Richterbuch wird erzählt, dass Simson Delila lieb gewinnt. Ob diese Liebe auf Gegenseitigkeit beruht, scheint weder Simson selber noch die Geschichtenschreiber zu interessieren. Delilas Gefühle bleiben unerwähnt. Steht sie in einem Loyalitätskonflikt zwischen ihren Volksgenossen und dem Modellathleten Simson aus dem feindlichen Lager? Delila – eine simple Agentin der Philister? Wir müssen Delilas Gefühle aus ihrem Handeln erschliessen. Wer möchte es Delila verübeln, dass sie die Gelegenheit – im wahrsten Sinne des Wortes – beim Schopfe packt, ein für alle Mal finanziell auszusorgen, zumal der liebeskranke Simson so leicht zu übertölpeln ist! So lässt sie sich auf das Angebot ihrer Volksgenossen ein und kommt zum gewünschten Ziel: Sie besiegt Simson. Eine Frage steht jedoch im Raum: Warum wird es James Bond als Schlauheit angerechnet, wenn er sich in seiner Agententätigkeit mit einer Schönen aus dem feindlichen Lager vergnügt und ihr dabei Geheimnisse entlockt? Delila dagegen wird List und gar Gemeinheit zugeschrieben, wenn sie sich an Simson mit dem gut trainierten Body erfreut und ihm zugleich das Geheimnis seiner Kraft entlockt. Der Alttestamentler Hermann Gunkel sah die Szene so: «der Held, vertrauensvoll im Schosse der Geliebten schlafend, sie aber, vom Gelde bestochen, des Helden unwürdig, an Verrat denkend, und der Laurer neben der Kammer». List oder Schlauheit? Die Delila-Geschichte bringt das schon sattsam Bekannte an den Tag: Wenn Frauen und Männer dasselbe tun, ist es eben nicht dasselbe.

Geheimnisvolle Delila

Delila entlockt Simson zwar das Geheimnis seiner übernatürlichen Kraft, sie selber bleibt aber geheimnisvoll. Sie wird als eigenständige Frau beschrieben. Vielleicht betrieb sie eine Weberei, worauf der Webstuhl in ihrem Heim hinweist. Die Delila-Figur auf dem Brunnen am Barfüsserplatz versinnbildlicht Delilas Stärke. Sie ist die Aktive. Simson, nichts Böses ahnend, schläft friedlich wie ein kleiner Junge in Delilas Schoss. Er lässt sich von ihr täuschen. Der unbekannte Bildhauer scheint mit seinen Figuren eine Warnung an die Geschlechtsgenossen seiner Zeit auszusprechen: Vorsicht Männer, schlaft nicht, und traut den Frauen nicht! Sonst ergeht es euch wie Simson, und dann ist es aus mit eurer Macht! Auffallend an der Delila-Figur ist die riesige Schere, mit der sie Simsons Haare schneidet. Es braucht kaum grosse psychoanalytische Kenntnisse, um diese Handlung zu deuten! Haare sind seit Urzeiten Symbol der Lebenskraft, der Erotik, des Unzähmbaren. Dass selbstbewusste Frauen Schuld sein sollen an der schwindenden Manneskraft, weil sie wilde Männer angeblich zu Softies zähmen, beschäftigt nicht nur heutige Boulvardblätter, sondern offensichtlich auch biblische Autoren und jenen unbekannten Bildhauer anfangs des 17. Jahrhunderts.

Delila – eine Frau mit Ambitionen

Delila sagt zu Simson: «Wie kannst du sagen, du habest mich lieb, wo du mir doch dein Herz verbirgst? Dreimal hast du mich nun schon betrogen und mir nicht gesagt, wodurch deine Kraft so gross ist.» (Ri 16,15)

Nach den BibelwissenschaftlerInnen Silvia Schroer und Thomas Staubli hat das Herz in der biblischen Körpersymbolik eine andere Bedeutung als in unserem Sprachgebrauch. Es ist nicht der Sitz der Gefühle und der Liebe. In der Bibel ist das Herz vor allem Sitz der Vernunft und des Verstandes, des geheimen Planens und Überlegens und der Entschlüsse. Delilas Worte bedeuten darum nicht, «Simson, du hast mich zu wenig lieb», sondern «Simson, du weihst mich nicht in dein Wissen ein». Delila ist eine Frau mit Ambitionen. Sie will Wissen und Macht. Sie kritisiert den Status des Nasiräers, des Gottgeweihten, der meint, durch seine Besonderheit mit dem lieben Gott allein auf du und du zu stehen. Delila zeigt mit ihrer Tat: Auch der starke Held Simson ist im Grunde genommen ein gewöhnlicher Mensch. Die göttliche Kraft ist weder ihm allein vorbehalten noch von einer besonderen Weihe abhängig, sondern allen Menschen zugänglich. Delila stösst den Gottgeweihten von seinem Sockel. Darum sehe ich sie durchaus als Vorkämpferin für das reformatorische Priestertum aller Gläubigen.

Ich glaube an die Klarsicht Delilas, die mit Schlauheit zeigt: Wir müssen keine Heldinnen und Helden spielen. Alle Menschen, unabhängig ihres Geschlechts und ihrer Volkszugehörigkeit, haben in ihrer Weise Anteil an der göttlichen Kraft.

Literaturhinweise

Hermann Gunkel: Simson, in: ders.: Reden und Aufsätze, Göttingen 1913

Silvia Schroer/Thomas Staubli: Die Körpersymbolik der Bibel, Darmstadt 1998

Bibelzitate aus der Zürcher Bibel, Zürich 1971

Eva

Die Frau schreibt Weltgeschichte

Von Gabriela Pitsch

Viele von uns kennen sie, die Geschichten der ersten Kapitel der Bibel über die Entstehung der Welt und den Verlust des Paradieses (Gen 1–3). Uns wurde beigebracht, sie erzählten davon, wie dem ersten Mann Adam die Frau Eva als Gehilfin zur Seite gestellt wurde, wie die Frau sich durch die Schlange zur Übertretung von Gottes Gebot verführen liess und damit den Verlust des Paradieses zu verantworten hatte und wie die Strafe Gottes sie deshalb in die «fraulichen» Schranken weisen musste: «mit Schmerzen sollst du Kinder gebären! Nach deinem Manne wirst du verlangen; er aber soll dein Herr sein!» (Gen 3, 16b)
Doch was, wenn solch frauenabwertende Gedanken gar nicht den biblischen Geschichten entsprächen? Wenn all dem nur eine tendenziöse männliche Auslegung ganz anders gelagerter Texte zugrunde läge?

Was am Anfang stand...

Die Urgeschichten (Gen 1–11) sind mythische Erzählungen. Ein Mythos berichtet von etwas, das sich nie ereignete und doch immer wahr ist. In den mythischen Erzählungen der Bibel werden Grundfragen des Menschseins beleuchtet, zum Beispiel: Weshalb gibt es Menschen in zweierlei Geschlecht? Wie ist die Herrschaft des Mannes über die Frau zu bewerten? Was ist zum Wesen der Menschen zu sagen?
Entgegen jahrhundertealter Behauptungen ist in beiden Schöpfungsberichten weder von einer zeitlich früheren Erschaffung des Mannes vor der Frau noch von einer wesensmässigen Überlegenheit des Mannes gegenüber der Frau die Rede. Die Herrschaft des Mannes über die Frau wird ganz klar als Folge des Verlustes des paradiesischen Urzustandes beschrieben. Vor der Erschaffung der geschlechtlichen Identität von Frau und Mann gebrauchen beide Schöpfungsberichte durchgehend den Begriff «adam», wenn sie vom Menschen sprechen. Das Wort «adam» ist kein Eigenname und bezeichnet auch kein männliches Individuum. Vielmehr ist es ein Kollektiv und kann am besten mit «Mensch, Menschen, Menschheit» übersetzt werden. Ausdrücklich wird berichtet, dass der Mensch in weiblicher und männlicher Ausprägung die lebendige Vergegenwärtigung Gottes in der Welt darstellt. Dies ist auch der Grund für den Auftrag an beide Geschlechter, die Erde zu bebauen und zu bewahren. Im jüngeren Schöpfungsbericht wird dazu Fol-

Eva in der Mondsichel,
Madonna vom Spalentor,
um 1420, Original
im Historischen Museum
Basel

gendes gesagt: «Und Gott sprach: ‹Machen wir einen Menschen (adam) nach unserm Bild, gemäss unserer Gestalt! Und herrschen sollen sie über die Fische des Meeres und über die Vögel des Himmels und über das Vieh und über das ganze Land und über alles, was auf Erden kreucht und fleucht.› Und Gott schuf den Menschen nach seinem Bild, nach dem Bilde Gottes schuf er ihn, männlich und weiblich schuf er sie.» (Gen 1,26–27)
Auch im älteren Bericht wird erzählt, dass das Menschenwesen, der Erdling «adam», erst durch die Erschaffung der «ischah» (hebr. Frau) seine geschlechtliche Identität als «isch» (hebr. Mann) findet und deshalb Frau und Mann sich wesensmässig entsprechen: «Der Mensch sprach: Diesmal ist sie's! Bein von meinem Gebein, Fleisch von meinem Fleisch!» (Gen 2,23a)

...und was durch die Fehlinterpretation der Texte in den Köpfen haften bleibt

Nach der Erschaffung der beiden Geschlechter spielt Eva, die Repräsentantin der weiblichen Menschheit, in der Geschichte über den Verlust der paradiesischen Zustände auf Erden eine von Adam unabhängige Rolle. Dies war gewissen frauenfeindlichen Strömungen der letzten vorchristlichen Jahrhunderte ein willkommener Anlass, die Dreiheit Frau–Sexualität–Sünde zu konstruieren.
Der Mythos von der Frau als Einfallstor des Bösen war in der Zeit der Entstehung des Christentums weitverbreitet. Ausserbiblische Texte jener Zeit schildern ausführlich den sexuellen Verkehr Evas mit der Schlange, wodurch der weibliche Teil der Menschheit mit dem Teufel in Verbindung gebracht wurde. Solches Denken fand auch in der Bibel Aufnahme. So benutzen neutestamentliche Texte der zweiten und dritten Generation des Christentums eine Verdrehung der Genesis-Texte zur Massregelung der Frauen. Frauen sollten von ihrer aktiven Rolle in den christlichen Gemeinden weg in die eigenen Häuser zurückgedrängt werden. Hand in Hand mit der behaupteten Erstschaffung des Mannes ging das Bild der «sündenanfälligen» Frau: «zu lehren aber gestatte ich einer Frau nicht, auch nicht, sich über den Mann zu erheben. (...) Denn Adam wurde zuerst geschaffen, darnach Eva. Und Adam wurde nicht verführt, das Weib vielmehr wurde verführt und ist in Übertretung geraten.

6

Eva,
Chorkapitell, 12. Jh.,
Münster

Sie wird aber gerettet werden durch das Kindergebären.» (1. Tim 2,12–14)

Gleiches Denken findet sich auch in der christlich-abendländischen Kunst. Die Darstellung am Spalentor zum Beispiel zeigt die «sündige» Eva, liegend unter der Mondsichel, die das Vergängliche symbolisiert. Dargestellt ist sie mit offenem Haar, was lange Zeit als äusseres Zeichen der Prostituierten galt. Seit dem 2. Jahrhundert unsrer Zeitrechnung wird ihr als positive Frau die «heilige» jungfräuliche Mutter (!) gegenübergestellt. Die irdische Verführerin wird durch die Himmelskönigin Maria besiegt. An einem Säulenkapitell im Münsterchor ist zu sehen, wie Eva Adam von der verbotenen Frucht zu essen gibt und ihn dadurch mit ins Verderben zieht. Sie steht als Vermittlerin zwischen dem Bösen, dargestellt durch die Schlange, und dem Manne.

Lust und Last der Entscheidung

In der Erzählung von den verlorenen paradiesischen Zuständen auf Erden ist weder von der alleinigen Schuld der Frau noch von

Sexualität die Rede. Der Text greift eine ganz andere Thematik auf: die Lust, bis anhin gesetzte Grenzen zu überschreiten, und die damit verbundene Verantwortung, für die Folgen der Grenzüberschreitung aufzukommen.

Täglich stehen Menschen vor Entscheidungen, zu denen sie Wissensdurst, Lebenslust, Forschungsarbeit und Zufälle geführt haben. Immer wieder stellt sich im Leben die Frage, wann es klug ist, geltende Grenzen zu respektieren, und wann es gewagt werden muss, sie auf ein Besseres hin zu überschreiten. In der Paradies-Erzählung wird diese allgemein menschliche Problematik auch geschlechtsspezifisch betrachtet. Die Verfasser des Textes geben ihrer Überzeugung Ausdruck, dass den Frauen die aktive Rolle zugesprochen werden muss, wenn es darum geht, eine der Menschheit zuvor gesetzte Grenze zu überschreiten.

Hier stellt sich mir die Frage nach der Realitätsnähe einer solchen Behauptung. Zeichnen sich Frauen nicht oftmals gerade dadurch aus, beim «Weltverändern», zum Beispiel im Bereich der wissenschaftlichen Forschung, der Wirtschaft und der Politik, skeptisch, kritisch oder gar ängstlich abseits zu stehen? Die Erkenntnis aus der Paradies-Geschichte, dass alle Menschen die Folgen der (Nicht-)Übertretung von bis anhin geltenden Grenzen zu tragen haben, sollte Frauen zum vermehrten Mitreden und Mitentscheiden motivieren! Mögen sich Frauen und Männer gemeinsam aufmachen, Grenzen zu respektieren oder zu überschreiten, so dass es gutem Leben dient!

Ich glaube nicht
an die Andersartigkeit der Geschlechter,
sondern in Eva
an die Möglichkeit der Frauen,
Weltgeschichte zu schreiben.
Ich glaube daran,
dass Frauen und Männer den Mut aufbringen können,
mit Entschlossenheit
ungerechtfertigte Grenzen zu überschreiten.
Und ich glaube
an ihre Fähigkeit,
der zukünftigen Welt zugute
Grenzüberschreitungen zu unterlassen,
wo die Weitsicht dies gebietet.

Literaturhinweise

Die Heilige Schrift des Alten und Neuen Testaments (Zürcher Bibel), Zürich 1975
(Zitate von 1. Tim 2 und Gen 3)
Silvia Schroer/Thomas Staubli: Die Körpersymbolik der Bibel,
Darmstadt 1998 (Zitate von Gen 1–2)
Helen Schüngel-Straumann: Denn Gott bin ich, und kein Mann.
Gottesbilder im Ersten Testament – feministisch betrachtet, Mainz 1996, S. 72–103

Vertiefende Lektüre

Zu einer theologischen Anthropologie: Schroer/Staubli, a.a.O., S. 1–24
Zur Wirkungsgeschichte von Gen 2 und 3 auf das Frauenbild:
Helen Schüngel-Straumann: Die Frau am Anfang. Eva und die Folgen, Freiburg 1989

Lilit

Das andere Weibliche

Von Christina Kurth

Der Prophet Jesaja hat eine Vision über den Untergang Edoms. Mit apokalyptischen Bildern malt er aus, wie das Land dieser Feinde Jerusalems nach seiner Verwüstung durch Gott aussehen wird. In einem dieser Bilder ist auch Lilit erwähnt: «Und Wüstenhunde werden auf Hyänen treffen und bocksgestaltige Dämonen begegnen einander, nur dort wird Lilit rasten und eine Ruhestatt für sich finden.» (Jes 34,14)

Vom Wüstengespenst zur Dirne

Diese einzige biblische Stelle (einige Bibelausgaben übersetzen Lilit mit «Kobold» oder «Nachtgespenst»; dadurch wird Lilit im deutschen Text unsichtbar), in der Lilit vorkommt, lässt kaum erahnen, welche facettenreiche Wirkungsgeschichte sich im Laufe der Jahrhunderte mit der Gestalt der Lilit verbindet. Gegenüber ihren zahlreichen literarischen Darstellungen als Würgerin und Kindertöterin, als Verführerin der Männer, als erste Frau Adams, als kinderfressende Zauberin oder Hexe wirkt das hier neben anderen Wüstenwesen genannte Wüstengespenst Lilit geradezu harmlos.

Die Figur der Lilit ist alt. Ihr hebräischer Name taucht erstmals in einem Text auf, dessen Original ins 3. Jahrtausend v. Chr., in die Zeit Sumers, der ersten Hochkultur Vorderasiens, zurückreicht. In dieser Sage des Helden Gilgamesch wird die Dämonin Lilit in die Wüste vertrieben. Der Text zeigt, dass dämonisches Wesen und Wüste seit frühester Zeit zur Lilit dazugehören. Ebenso ihr göttliches Wesen: Auf dem fast viertausendjährigen Terrakotta-Relief hält Lilit die göttlichen Attribute Ring und Stab in den Händen und ist, wie viele babylonische Gottheiten, mit Flügeln und Vogelfüssen versehen. Ihr nackter Körper sowie ihre auffallende Schönheit geben der Gestalt etwas Weiches, Anziehendes. Lilit trägt Charakterzüge zweier babylonischer Göttinnen: Lamaschtû und Ischtar. Hurwitz hat herausgearbeitet, dass bei der Aufnahme der beiden Göttinnen in die babylonische Götterwelt Lamaschtû vom gütigen, hilfreichen Wesen zur furchtbaren, Kinder raubenden Mutter-Göttin und Ischtar von der Herrin der Fruchtbarkeit und der sinnlichen Liebe zur Verführerin der Männer wurde.

Diese beiden negativen Aspekte prägen die Gestalt der Lilit in zahlreichen Erzählungen vor allem der jüdischen Literatur. Doch kann man sie auf diese allein nicht beschränken. Auf jeden Fall hängt die zunehmende Verteufelung Lilits nicht mit der Exils-

Lilitfigur,
Brunnentrogrelief,
Vrenelibrunnen, 1954,
Claraplatz

erfahrung des jüdischen Volkes und der dadurch entstehenden extremen Verunsicherung zusammen, wie Staup annimmt. Als kinderstehlende Hexe und verführerische Frau hat Lilit in die Mythologie fast aller Völker Eingang gefunden. Kinder tötende Wesen sind etwa die griechischen Stringes, von denen eine Linie zu den Striges der römischen Mythologie und zur strega, dem italienischen Wort für Hexe, führt. Verführerinnen begegnen uns in zahlreichen Varianten: die griechischen Sirenen, Loreley, die aus Märchen bekannte Frau am Turmfenster, die Femme fatale des 19. Jahrhunderts. Hinter ihnen allen steht die Figur der Lilit. Auch ins rätoromanische Margriata-Lied, nach der Datierung von A. Decurtins aus vorreformatorischer Zeit, könnten Züge der Lilit eingeflossen sein. Es erzählt die Geschichte der heiligen Margriata, die während sieben Sommern auf der Alp arbeitet, bis sie eines Tages auf einem Stein ausrutscht und sich ihr schöner weisser Busen entblösst; der

Lilit, Terrakotta-Relief,
ca. 2000 v. Chr.

Hirtenjunge, der dies sieht, will ihre Identität dem Sennen verraten; als sie ihn davon nicht abbringen kann, verflucht sie die Alp und geht. Der Fluch über die Alpweiden lässt hinter Margriata zudem eine Fruchtbarkeitsgöttin vermuten, was für Lilit ebenfalls zutrifft.

Lilit ist meistens nackt und mit langen offenen Haaren beschrieben, gefährlich, animalisch, wild. Ihre Schönheit, im Terrakotta-Relief noch so klar, wird dämonisiert. Auch Mephistopheles warnt in der Walpurgisnacht Faust vor Lilits Haaren: «Nimm dich in acht vor ihren schönen Haaren, / Vor diesem Schmuck, mit dem sie einzig prangt. / Wenn sie damit den jungen Mann erlangt, / So lässt sie ihn so bald nicht wieder fahren.»

Die Gestalt der Lilit steht für die gut viertausendjährige Verteufelung des weiblichen Körpers in einer von männlichen Vorstellungen dominierten Welt. Von der Frau als Kindertöterin gefürchtet, für den Mann als Verführerin bedrohlich, symbolisiert sie das klassische Frauenbild, nämlich die genaue «Kehrseite der idealisierten reinen Jungfrau, der Heiligen», wie Schaup es prägnant auf den Punkt gebracht hat.

Lilit, die erste Frau Adams

Auf einem der Reliefs am Brunnen vor der Clarakirche, der gemäss Rettenmund den Namen einer unbestimmten Märchenfigur trägt, ist ebenfalls eine nackte Frau mit wehendem Haar dargestellt. Sie fliegt durch die Luft, umgeben von Vögeln oder Fabelwesen. Rechts ein Ziegenbock, in der linken unteren Ecke ein Mann. Er schaut der Frau nach, als wollte er sie zurückhalten. Die Szene ruft eine Erzählung über Lilit aus dem 10. Jahrhundert in Erinnerung. Sie steht im Alphabet des Ben Sira: «Als Gott Adam erschuf, sagte er: Es ist nicht gut, dass der Mensch allein sei. Daher schuf er für ihn eine Gehilfin, aus der gleichen Erde und nannte sie Lilit. Sobald sie geschaffen war, begann sie einen Streit und sagte: Weshalb sollte ich unten liegen? Ich bin ebenso viel wie du, wir sind beide aus Erde geschaffen. Als aber Lilit sah, dass sie Adam nicht überwältigen konnte, sprach sie den unaussprechlichen Gottesnamen und flog in die Luft. Adam betete und sagte: Herr der Welt. Die Frau, die du mir gegeben hast, ist von mir weggegangen. Darauf sandte Gott drei Engel, die sie zurückbringen sollten. Diese sagten zu ihr: Gott hat beschlossen: Wenn du zurückkehren willst, ist es gut. Wenn nicht, dann musst du als Strafe es auf dich nehmen, dass jeden Tag hundert Kinder von dir sterben.» Lilit kehrt nicht zurück und verhandelt mit den Engeln über die ihr angedrohte Strafe.

Hintergrund dieses jüdisch-mystischen Textes ist der erste der beiden biblischen Schöpfungsberichte, wonach Mann und Frau aus der gleichen Erde geschaffen worden sind (Gen 1,27). Kühn wird hier die Frau mit Lilit identifiziert, einer Lilit, die bis anhin kaum bekannte Züge trägt: Selbstbewusst verlangt sie, beim Geschlechtsverkehr oben zu liegen, und stellt damit die bekannten patriarchalen Strukturen auf den Kopf. Frauen der letzten zwei Jahrzehnte haben sich förmlich auf diese Lilit-Geschichte gestürzt und Lilit zu ihrer Identifikationsfigur gemacht. In einem Midrasch, einer erzählerischen Auslegung der Bibel, schaut Eva

einmal über die Mauern des Paradieses und entdeckt Lilit, von der ihr Adam nur Schlechtes erzählt hat. Sie erkennt: Lilit ist eine Frau wie sie. Es entsteht eine Frauenfreundschaft, die ihrerseits wieder bedrohlich ist für den Mann: «Gott und Adam harrten voller Bangen des Tages, da Eva und Lilit, strotzend von Möglichkeiten, in den Garten zurückkehren würden, um ihn zusammen neu aufzubauen.» (Plaskow, S. 256) Der gehorsamen Eva wird hier Lilit gegenübergestellt als eine eigenständige Frau, die sich keine Fremdbestimmung gefallen lässt. Damit repräsentiert sie die Grundanliegen der Frauenbewegung.
Ebenfalls in feministischen Kreisen wird die Figur der Lilit allmählich von ihrer körperlichen Dämonisierung befreit und der dunkle, verführerische Aspekt an ihr positiv gewendet. Auf der anderen Seite wird auch dem ursprünglich guten Weiblichen an Lilit, nämlich ihrer schöpferischen weiblichen Kraft und ihrer Weisheit, Staup nennt es ihr Geist-Weisheit-Aspekt, vermehrt Gewicht gegeben. Was ich bisher etwas vermisse, ist die Integration und das Reden über die ja auch vorhandenen negativen Seiten weiblicher Körperlichkeit. Levinson nennt als Beispiel die Ambivalenz eigenen Kindern gegenüber. Die schillernde Figur der Lilit lädt zu dieser Integration geradezu ein: Indem sie in sich göttliche wie dämonische Anteile vereint, enthält sie gleichermassen helle wie dunkle Aspekte des Weiblichen. In solch umfassender Gestalt könnte sie zu einem anderen, einem ganzen Frauenbild beitragen.

Ich glaube an die schöpferische weibliche Kraft der Lilit, die Körper und Geist, Eros und Liebe verbindet und die Frauen wie Männer ermutigt, mit wehendem Haar das andere Weibliche in sich zu entdecken.

Literaturhinweise

Alexi Decurtins: Zur Entstehung des rätoromanischen St. Margaretha-Liedes, NZZ, 8.3.1964
Casper Decurtins: Rätoromanische Chrestomathie, Bd. 2, Chur 1982 (Reprint)
Martin J. Howald: Das Lied von der Sontga Margriata, ungedrucktes Manuskript, Basel (1999)
Siegmund Hurwitz: Lilith – die erste Eva. Eine Studie über dunkle Aspekte des Weiblichen, Zürich 1983^2 (1993^3)
Pnina Navè Levinson: Eva und ihre Schwestern. Perspektiven einer jüdisch-feministischen Theologie, Gütersloh 1992, S. 62–71
Judith Plaskow: Das Kommen Liliths: Schritte zu einer feministischen Theologie, in: Frauen in der Männerkirche, hrsg. von Bernadette Brooten und Norbert Greinacher, München 1982, S. 245–258
Rosemary Radford Ruether: Die Krone der Schöpfung: Der Mensch als Mann und Frau, in: dies.: Frauenbilder – Gottesbilder. Feministische Erfahrungen in religionsgeschichtlichen Texten, Gütersloh 1987, S. 107ff.
Barbara Rettenmund et al.: Kinderstadtbuch, Basel 1998
Gershom Scholem: Neue Stücke über Asmodai und Lilith (hebräisch), in: Tarbiz, vol. 19, Jerusalem 1948, S. 160–175
Susanne Schaup: Der Sonderfall Lilith, in: dies.: Sophia: Das Weibliche in Gott, München 1994, S. 51–79

Salome mit Maria von Magdala
und Maria, der Mutter
von Jakobus, Chorfenster
Elisabethen, 1914/15

Rundgang 2

Programmatisch an der Fassade

Maria

Susanna

Die samaritanische Frau

Maria
an der Rathausfassade

4

Susanna
im Rathausinnenhof

4

Die samaritanische Frau
am Portal der Elisabethenkirche

5

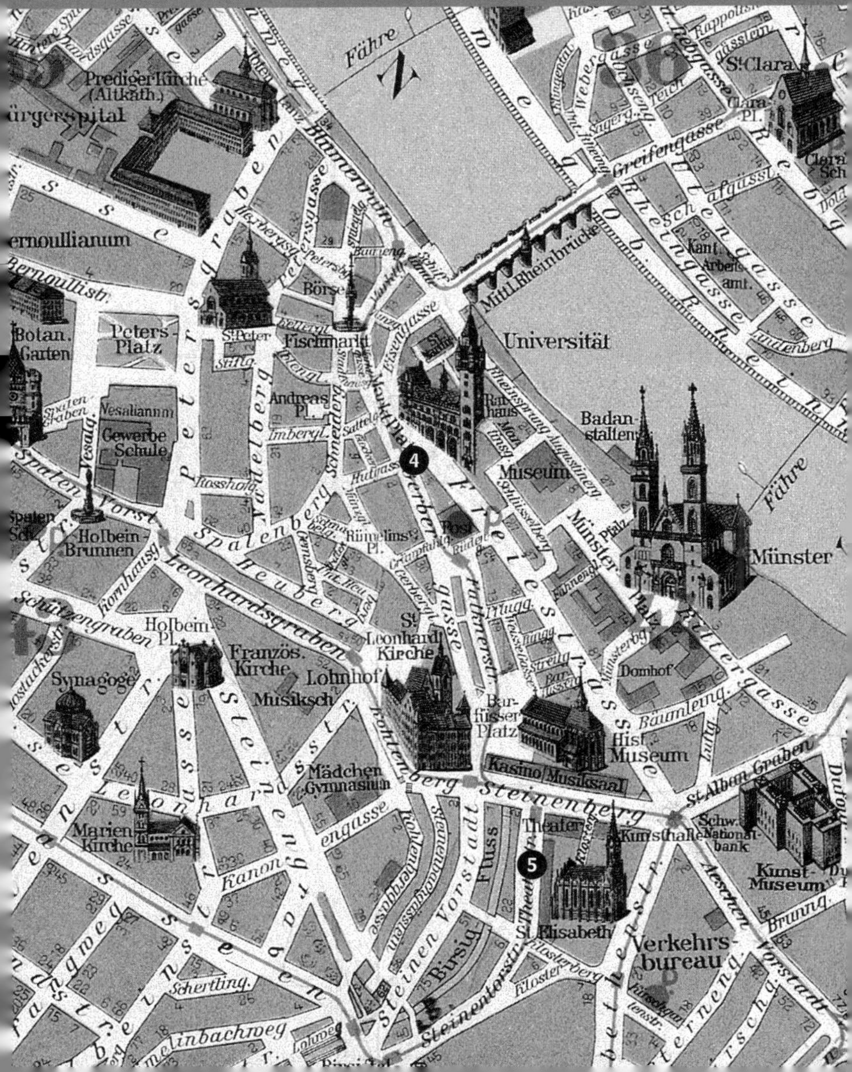

Maria

Eine Frau wird zum Gesamtkunstwerk

Von Silvia Strahm Bernet

Die biblische Geschichte (nach Lk 1–3) erzählt: Der Engel Gabriel, von Gott geschickt, erscheint im galiläischen Nazareth einer Jungfrau mit Namen Maria und verkündet ihr die Empfängnis eines Sohnes, der «Sohn des Höchsten» genannt werden wird. Maria, verlobt mit Joseph, erschrickt und fragt: «Wie wird dies geschehen, da ich keinen Mann erkenne?» Der Engel beruhigt sie: «Der Heilige Geist wird über dich kommen, und die Kraft des Höchsten wird dich überschatten; darum wird das, was geboren wird, heilig genannt werden, Sohn Gottes.» Maria fügt sich in ihr Schicksal mit den berühmten Worten: «Siehe die Magd des Herrn, mir geschehe nach deinem Wort.» Der nachfolgende Besuch bei der schwangeren Elisabet inspiriert sie zu ihrem kämpferischen Lied, dem Magnifikat, das vom Erbarmen und der Gerechtigkeit Gottes singt. Es folgen: Reise nach Bethlehem, Geburt Jesu irgendwo bei Bethlehem, Reinigung Marias im Jerusalemer Tempel, Reise zum Paschafest nach Jerusalem, bei dem der inzwischen 12-jährige Jesus verlorengeht – die einzige biblische Szene übrigens (abgesehen von der Hochzeit zu Kana in Joh 2), bei der Maria und Jesus überhaupt miteinander reden. Im Leben des erwachsenen Jesus und bei seinem Tod kommt Maria, zumindest bei Lukas, Markus und Matthäus, nicht mehr vor; lediglich kurz vor Pfingsten wird sie noch einmal erwähnt (Apg 1,14).

Unbezähmbarer Verehrungswille

Die Welt der Verehrung Mariens gleicht einem Gesamtkunstwerk voller Poesie, Musik, Düften und Bildern. Karg dagegen ist die Welt des biblischen Textes, einer Skizze vergleichbar – ein paar Striche zu einem Porträt, das nicht zu Ende geführt ist. Spricht die Bibel vom ärmlichen Interieur des Anfangs, so erbauen die Jahrhunderte Marienfrömmigkeit himmlische Welten voll bildhafter Pracht und sprachlicher Opulenz. Ein scheinbar unbezähmbarer Verehrungswille schafft sich hier seinen Raum; das Ausgangsmaterial ist dürftig, das Resultat überwältigend: Die junge Frau aus Nazareth verwandelt sich in eine Königin, sterngewandet in den Himmeln thronend. Voller Emphase und ohne Ende werden sie gesungen, die Hymnen auf die jungfräuliche Mutter-Frau: Sie ist die Rose von Sharon, das Bündel Myrrhe, süsser duftend als jede Blume; Sonne ist sie, Sterne, Juwel, feuriger Diamant, Nektar und Ambrosia für die nach Erlösung dürstende Seele.

1608 ist die Mutter Gottes in eine Justitia umfunktioniert worden, Uhrengehäuse des Rathauses

Begonnen hat das alles im 2. Jahrhundert, zaghaft noch. Den Bühnenrand erreicht es erst mit dem asketischen Ideal des entstehenden Mönchtums und der Dogmatisierung der Wesensgleichheit des Sohnes mit dem Vater im 4. Jahrhundert. Jungfrauengeburt und Göttlichkeit des Sohnes werden zu unlösbar ineinander verwobenen Fäden des kosmischen Stückes, das seine vielfältigen Geschichten zu schreiben beginnt. Widersprüchliche, zweideutige Geschichten von einer Frau, die fruchtbar ist, aber «unbefleckt vom Samen eines Mannes», die Mutter ist, aber Jungfrau – vor, während und nach der Geburt; die Sinnbild ist für Demut, Gehorsam, Dienstbereitschaft und doch als Königin im Himmel thront; Geschichten einer Frau, die als Vorbild verehrt wird und prinzipiell unerreichbar ist, die mit ihrer Jungfräulichkeit Sexualität abwertet und doch auch die wundersamsten erotischen Blüten treibt.

Die Gottesgebärerin Maria, erst Ikone der Mönche, dann aber der Mund aller Menschen, wird nicht nur Brennspiegel mannigfaltigster Wünsche, sondern auch eine Art Botschafterin menschlicher Unvollkommenheit. Sie vertritt fürsprechend die Interessen der Menschen im beängstigend fremden Terrain der himmlischen Justiz – weil sie «bei Gott am meisten erreicht». In der Festigkeit himmlischer Gerechtigkeit vertritt sie das elastische Prinzip Barmherzigkeit. Unter ihrem Schutzmantel finden alle

Maria an der Pfalzmauer,
Kopie 1995
◀

6

Platz: schwangere Nonnen, Mörder, Ehebrecherinnen, lüsterne Bischöfe, denn die Sonne, sie geht auf über gut und böse.
Als Himmelskönigin, Braut, Jungfrau, Schmerzensmutter, Schutzmantelmadonna, als Fürsprecherin und Miterlöserin ist sie Teil des kosmischen Dramas um Schuld und Erlösung, Furcht und Hoffnung, Leben, Tod und Neugeburt. Inoffizielle göttliche Züge erhält sie, und die Verwandtschaft mit antiken und vorderasiatischen Göttinnen lässt sich nicht von der Hand weisen: Marienkirchen entstehen, wo vorher die Tempel der Göttinnen standen, Jahreskreisfeste, die sich in den kosmischen, erdmütterlichen Horizont der Göttin fügen, Symbole, Farben und Darstellungsformen der Göttin tauchen auf, die nun christlich eingekleidet an Maria sichtbar werden. Der Wunsch nach einer göttlichen Frau in den Himmeln, theologisch immer zurückgewiesen, in der Frömmigkeit dennoch subversiv gegenwärtig, liess sich bis heute nicht verbieten.

Das Janusgesicht der Maria

Maria hat ein Janusgesicht, eine schöne, anrührende Fassade, aber auch einen düsteren, unfreundlichen Hinterhof. Generationen von Frauen haben in diesem Hinterhof die Selbstverachtung erlernt, das Leben mit angezogener Handbremse. Keusch, (zu)dienend, alles verzeihend – dieses Ideal hat sie in die Körper ungezählter Frauen geritzt. Und doch hat sie auch Gaben verteilt: Nähe, Fürsorglichkeit, Solidarität. Nie gibt es nur die eine Geschichte, nie nur ein Interesse hinter allem, das die Zügel hält. Wir, nicht mehr am Gängelband solcherart religiöser Modelle, lernen freier. Unsere Traum-Frauen verkörpern Würde, die sich an Mut, Stärke, Selbstachtung bindet und sich nicht im Dienen verliert. Unsere Ikonen singen ihre Magnifikats auf die eigne Kraft: laut, frech, respektlos; sie mögen sich sogar den Namen Madonna geben und sind doch keines Herren Magd. Aggressiv und obsessiv spielt «unsere» Madonna mit Autonomie, Selbstlust und Sex – den Tugenden des «mehr!», nicht des Verzichts. Nicht jede Madonna ist eine Madonna, der Wunsch nach Madonnen aber bleibt. Ikonen schafft man nur ungern ab, man retuschiert und renoviert. Ob dies ein Fortschritt ist, steht dahin.
Über der Rathausuhr in Basel thront eine Justitia; sie hat die Nachfolge einer Madonna mit Kind angetreten, der die Refor-

mation das Kind vom Arm genommen, eine Waage in die Hand gedrückt und einen neuen Arbeitsauftrag erteilt hat. Das Heilvolle, das sie präsentiert, heisst jetzt nicht mehr Erlösung, sondern Gerechtigkeit. Dass dies kein Widerspruch sein muss, dass Recht schaffen durchaus Erbarmen heissen kann, ihre Vorgängerin hat es gesungen: «...er stürzt die Mächtigen vom Thron und erhöht die Niedrigen. Die Hungernden beschenkt er mit seinen Gaben und lässt die Reichen leer ausgehen.» (Lk 1,51–53) Ob die Herren von Basel eine solche Gerechtigkeit meinten? Gerechtigkeit als Parteilichkeit für die Opfer einer unbarmherzigen Welt, der Schutzmantel über die Verfolgten, die Gnade vor Recht – es scheint, man hat mit der Madonna über der Rathausuhr nicht nur den «Aberglauben» hinweggeschafft, sondern auch eine hartnäckig «unrealistische» Weise, in der Welt nach dem Rechten zu sehen.

Ich glaube an die Widersprüchlichkeit Mariens, denn sie schafft Nähe; ich glaube an ihre Verwandlungskunst in unseren Händen, denn ihre Gesichter sind ungezählt.

Literaturhinweise
Marina Warner: Maria. Geburt, Triumph, Niedergang – Rückkehr eines Mythos, München 1982
Gertrud Schiller: Ikonographie der christlichen Kunst, Maria, Bd. 4.2, Gütersloh 1980

1932 1992 1993/95 (Kopie)

Thronende Madonna mit Jesuskind, um 1390, Westgiebel des Münsters «Unserer Lieben Frau», Original im Klingental-Museum; Maria ist Schutzpatronin von Basel

6

Zeitzeichen:
Verwitterte Maria,
1992 von der Pfalzmauer abgenommen, heute im Klingental-Museum

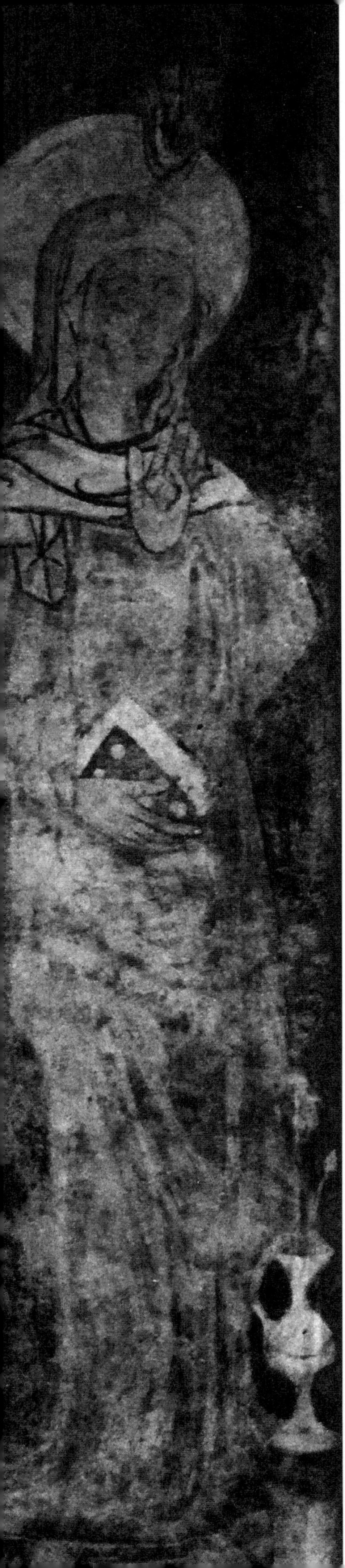

13

Maria
der Verkündigung,
um 1360,
Predigerkirche.

Im Krug steht eine Lilie, christliches Sinnbild der Gottesmutter. Demgegenüber symbolisiert(e) die Lilie in der jüdischen Tradition das Volk Israel. Lilie heisst auf Hebräisch «šušan/šošannā», womit eine mögliche Ätiologie für den Namen Susanna gegeben ist. Susanna wurde, wie auch Maria (Christenheit/ Ecclesia) oftmals allegorisch gedeutet (Volk Israel/Synagoge).

Susanna

Eine Geschichte um Recht und Gerechtigkeit

Von Irina Bossart

Susanna war eine überaus schöne, gottesfürchtige jüdische Frau, die im Gesetz Mose unterrichtet war. Sie lebte zusammen mit ihrem Mann Joakim und ihren Kindern in Babylon. Joakim war reich und sehr angesehen, deshalb verkehrten viele Leute in seinem Haus, unter ihnen auch zwei Ältesten-Richter. Sie gehörten als höchste Autoritäten zur Führungselite. Zu ihnen kamen alle, die eine Rechtsentscheidung suchten.

Nachmittags ging Susanna regelmässig im Park des Hauses spazieren. Die beiden Ältesten beobachteten sie täglich und gerieten in Begierde nach ihr. Doch sagten sie einander nichts von ihrem Verlangen, da sie sich schämten. Eines Tages begegneten sich die beiden wieder, nachdem sie sich unmittelbar vorher voneinander verabschiedet hatten. Sie forschten einander aus und gestanden sich gegenseitig ihre Leidenschaft. Dann vereinbarten sie, Susanna gemeinsam aufzulauern. Susanna kam wie gewohnt in den Garten, und sie hatte Lust zu baden, weil es heiss war. Sie schickte die zwei Mädchen, die sie begleiteten, Öl und Salben zu holen. Kaum waren diese fort, rannten die zwei Ältesten aus ihrem Versteck auf Susanna zu und forderten sie auf, mit ihnen zu verkehren; falls sie sich weigere, würden sie sie des Ehebruchs mit einem jungen Mann anklagen. Susanna seufzte und sagte: «Eng ist mir von allen Seiten, denn wenn ich es tue, ist es mein Tod, und wenn ich es nicht tue, werde ich euren Händen nicht entkommen. Es ist für mich vorzuziehen, ohne es getan zu haben, in eure Hände zu fallen, als zu fehlen vor JHWH.» Susanna schrie so laut sie konnte. Sogleich schrien aber auch die Ältesten. Da rannten die Hausangehörigen herbei.

Anderntags beschuldigten die zwei Ältesten vor versammeltem Volk Susanna des Ehebruchs. Sie erzählten, wie sie Susanna in flagranti beim Geschlechtsverkehr mit einem jungen Mann ertappt hätten. Die verbrecherischen Ankläger liessen Susanna holen und befahlen, sie zu entblössen, um sich an ihrer Schönheit zu weiden. Sie aber blickte weinend zum Himmel auf, vertrauend auf Gott. Die männliche Rechtsgemeinde glaubte den Ältesten-Richtern, und Susanna wurde zum Tode verurteilt. Sie aber schrie und sagte: «Ewiger Gott, du Kenner der verborgenen Dinge, der alles vor seinem Entstehen weiss, du weisst, dass sie Lügen gegen mich bezeugt haben; und siehe, ich sterbe, obwohl ich nichts von dem getan habe, was diese gegen mich Böses vorgebracht haben.» Und JHWH erhörte ihre

Susannas Unschuld, Werkstatt Hans Bock d. Ä., 1610/11, Hofgalerie des Rathauses (Susanna steht vorne links)

Stimme. Während sie zur Hinrichtung weggeführt wurde, erweckte Gott den Heiligen Geist des Knäbleins namens Daniel. Der kleine Daniel rollte den Fall neu auf und verhörte die zwei Ältesten getrennt, wobei sich herausstellte, dass ihre Aussagen nicht übereinstimmten. Daniel warf ihnen auch vor: «So tatet ihr immer an den Töchtern Israels, und jene verkehrten mit euch, weil sie sich fürchteten, aber eine Tochter Judas erduldete nicht eure Gesetzwidrigkeit.» Die beiden Ältesten wurden als Falschzeugen entlarvt und zum Tode verurteilt. Die Rechtsgemeinde pries Gott, der die rettet, die auf ihn hoffen. Susanna war gerettet. (Nacherzählt nach Daniel 13,1–63 gemäss Theodotion-Fassung.)

Mein Richter ist Gott: Ein Lehrstück für die Herren zu Basel

Die Susanna-Erzählung ist nur in zwei griechischen Fassungen überliefert. Sie wurde erst in der lateinischen Bibel ins Buch Daniel eingegliedert. Von der römischen Kirche stets geschätzt, von Luther zurückgesetzt, aber in seiner Bibel belassen, wurde

Susanna steht am rechten Bildrand und schaut die Betrachterin/den Betrachter an

der Susanna-Text 1931 als «minder wichtig» aus der Zürcher Bibel ausgeschieden. Nicht nur die abendländische, sondern auch die arabische Kultur tradierte die Erzählung. Sie fand Eingang in die Märchensammlung 1001 Nacht. Der Susanna-Stoff wurde seit der Reformationszeit mehrfach dramatisiert und vertont. Das erste deutschsprachige Susanna-Drama wurde 1532 in Basel gedruckt und im gleichen Jahr «offentlich inn Mindren Basel / durch die jungen Burger gehaltenn». Das Drama stammt aus der Feder des Augsburgers Sixt Birck, der zu St. Theodor als Schulmeister wirkte. Von einer weiteren Aufführung im Mai 1546 berichtet das Tagebuch des Stadtarztes Felix Platter. Er notierte in seinen Jugenderinnerungen, dass «die Susannam uf dem Fischmerck gespilt» worden sei. Noch im gleichen Jahrhundert, nämlich 1581, wurde Bircks «Susanna» wegen ihres Inhalts auf den Index librorum prohibitorum, das Verzeichnis der von der katholischen Kirche verbotenen Bücher, gesetzt.

Eine weitere Basler Inszenierung der Susanna kann heute noch angeschaut werden: Die Hofgalerie des Rathauses ziert ein Wandgemälde, das die letzten zwei Szenen des Dramas zeigt.

Titelblatt des Susanna-Dramas
von Sixt Birck,
1532 in Basel gedruckt

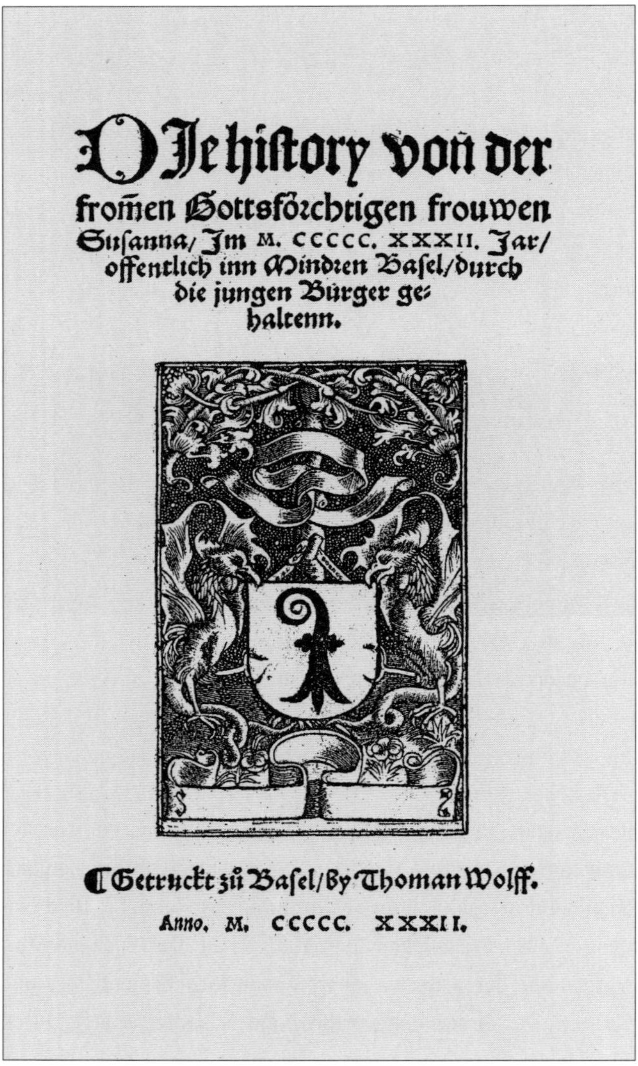
Die hiſtory von der
fromen Gottsförchtigen frouwen
Suſanna / Im M. CCCCC. XXXII. Jar /
offentlich inn Mindren Baſel / durch
die jungen Bürger ge-
haltenn.

Getruckt zů Baſel / By Thoman Wolff.
Anno. M. CCCCC. XXXII.

Das Bild, geschaffen 1610/11 von der Malerwerkstatt Hans Bocks d. Ä., ist Teil eines Zyklus von Gerechtigkeitsbildern. Zum einen diente die reiche dekorative Ausstattung der Repräsentation, zum andern hatte das Bildprogramm die Aufgabe, das Rathaus als wichtigen Bedeutungsträger der Stadt darzustellen; was sich in seinem Innern abspielte, sollte aussen ablesbar sein. Das Rathaus war Sitz der Regierung und der Verwaltung sowie der Gerichtsbarkeit. Die Bilder führ(t)en den Ratsherren und Richtern täglich ihre Pflicht vor Augen, klug, gerecht und integer zu handeln. Die lateinische Inschrift über dem Portal zum Hintergebäude unterstreicht und erläutert die Bildaussagen. Übersetzt lautet sie: «D.S. (Deus Sanctus?) / Wer auch immer du das sehr schwierige / Amt der Staatsführung antrittst, / des Staatswohles überall eingedenk, / sollst du persönliche Leidenschaften, / Neid, Begünstigung, Hass, Gewalttätigkeit / ablegen: / Frömmigkeit sollst du Gott, / Klugheit, Gerechtigkeit, Unbestechlichkeit dem Staat / beim Beraten und Rechtsprechen / erweisen; / einst wird [zu Gericht] sitzen ein furchtbarer Richter, / und für alle Worte, Taten, Gedanken / wird er Rechenschaft fordern. / 1609.»

Gott erhörte ihre Stimme: Eine dezidierte Haltung, die entscheidet

Die Susanna-Erzählung beinhaltet Themen, die in der heutigen Zeit durchaus ihre Entsprechungen haben. Stichworte sind etwa Amtsmissbrauch, sexuelle Ausbeutung in hierarchischen Verhältnissen, rivalisierende Männer, die sich gegenüber Dritten verbünden, das Schreien als empfohlenes Mittel, sich bei Übergriffen zu wehren. An dieser Stelle möchte ich jedoch auf die Gottesbeziehung von Susanna näher eingehen. Susanna, politisch ohne Stimme, rief in ihrer Not und todbringenden Ausweglosigkeit Gott an. Eine solch unmittelbare Anrufung entspringt einem tiefgründigen und umfassenden Vertrauen. Es ermöglichte Susanna ihr reflektiertes, entschiedenes und entscheidendes Nein, durch das sie Gott und sich selber treu blieb. Susannas Gottesbeziehung gebar die Kraft, trotz der niederträchtigen Verleumdung aufrecht zu bleiben und sich gegen die erniedrigende Entblössung aufzurichten. Vielleicht kannte Susanna das Lied von Hanna, das im ersten Samuelbuch überliefert wird. Darin heisst es von Gott: «Er richtet den Hilflosen auf aus dem Staube, aus dem Kot erhebt er den Elenden.» Und: «Die Füsse seiner Treuen behütet er, aber die Schuldigen werden stumm und starr im Dunkel.»

2

1 וַתִּתְפַּלֵּל חַנָּה וַתֹּאמַר

8 מֵקִים מֵעָפָר דָּל מֵאַשְׁפֹּת יָרִים אֶבְיוֹן

9 רַגְלֵי חֲסִידָו יִשְׁמֹר וּרְשָׁעִים בַּחֹשֶׁךְ יִדָּמּוּ

Hannalied, Ausschnitt 1. Sam 2
hebräischer Text nach Biblia Hebraica Stuttgartensia

Susanna (er)kannte Gott als die Gerechtigkeit auf der Seite der Schwachen, auf der Seite einer Frau. Aus dieser Optik lässt sich auch das Bild des Richters neu begreifen, von dem in der Rathausinschrift und im Namen Daniel die Rede ist, denn Daniel heisst übersetzt: Mein Richter ist Gott. Richten bedeutet zunächst gerade machen, etwas in Ordnung bringen, dann auch Recht sprechen. Gott richtete Susanna auf. Ihr, einer rechtlosen Frau, wurde Recht gesprochen.
Wer das Susanna-Gemälde am Rathaus aufmerksam betrachtet, kann links oben im Gewölbe eine Eule entdecken. Die Eule galt einerseits als dämonisches Tier und Unglücksbote. Die früheste Lilit-Darstellung zeigt Lilit mit zwei Eulen. Andererseits war die Eule das Begleittier der Athene, der Schutzgöttin Athens und aller wissenschaftlichen Betätigung. Letzteres liess die Eule zum Sinnbild der Weisheit werden. So oder so, in beiden Fällen ist die Eule Botentier einer weiblichen Gestalt...

Ich glaube an die Kraft in Susanna, die dem Machtmissbrauch ein NEIN entgegenschreit.

Literaturhinweise

Helmut Engel: Die Susanna-Erzählung, Freiburg i.Ü./Göttingen 1985

Christian Heydrich: Die Wandmalereien Hans Bocks d. Ä. von 1608–1611 am Basler Rathaus, Bern/Stuttgart 1990

Ilse von Loewenclau: Das Buch Daniel. Frauen und Kinder nicht gerechnet, in: Kompendium Feministische Bibelauslegung, hrsg. von Luise Schottroff und Marie-Theres Wacker, Gütersloh 1998, S. 291–298

Die samaritanische Frau

Ein Frau hört, handelt und wird Verkünderin der Heiligen Botschaft

Von Verena Jegher-Bucher

Jesus verliess Judäa und zog abermals nach Galiläa. Da musste er durch Samarien hindurchkommen und wollte in die in Samarien gelegene Stadt Sychar gehen. Dort, am Stadtrand, war auch der bekannte Brunnen, den Jakob einst hatte graben lassen. Jesus nun, müde vom Wandern, sass also bei diesem Brunnen, es war Mittag. Da kam eine Frau, eine Samaritanerin, um Wasser zu schöpfen. Und Jesus sagt zu ihr: «Gib mir zu trinken!» Sie antwortet: «Wie kannst du, ein Judäer, von mir, einer samaritanischen Frau, zu trinken verlangen? Judäer pflegen doch keinen Umgang mit Samaritanern.» Und er darauf: «Wenn du das Geschenk Gottes kenntest und wüsstest, wer es ist, der dir sagt, ‹gib mir zu trinken›, hättest du ihn gebeten, und er hätte dir frisches Quellwasser gegeben.» Sie erwidert: «Herr, du hast ja gar kein Schöpfgeschirr! Der Brunnen ist nämlich tief. Woher willst du denn frisches Quellwasser nehmen? Du bist doch nicht grösser als unser Vater Jakob?» Und Jesus: «Jeder, der Wasser von diesem Brunnen trinkt, wird wieder Durst bekommen. Wer aber aus der Quelle trinkt, von der ich ihm Wasser gebe, wird in alle Ewigkeit nie mehr Durst bekommen; vielmehr wird das Wasser, das ich ihm gebe, in ihm ein Quell von sprudelndem Wasser zum ewigen Leben werden.» Darauf erwidert sie: «Gib mir das Wasser, damit ich nicht wieder Durst bekomme und hierherkommen muss zum Schöpfen!» Er aber entgegnet: «Los, ruf deinen Mann, dann komm hierher!» Darauf sie: «Ich habe nicht einen Mann.» Jesus antwortet: «Ja, fünf Männer hattest du, und der, den du jetzt hast, der ist nicht dein Mann. Das hast du wahr gesprochen.» Sie darauf: «Herr, ich sehe, du bist ein Prophet! Unsere Väter haben auf diesem Berg gebetet; und ihr sagt, dass in Jerusalem der Ort ist, wo man beten muss.» Jesus erwidert: «Glaub mir, Frau, dass eine Zeit kommen wird, wo ihr weder auf diesem Berg noch in Jerusalem zum Vater beten werdet. Die wahren Betenden beten im Vertrauen auf Gottes Treue, vom Geist beseelt; denn Gott ist Geist.» Da sagt sie: «Ich weiss, dass der Messias kommen wird.» Und Jesus darauf: «Der bin ich, ich, der jetzt mit dir redet!» Da liess sie ihren Krug stehen, lief zur Stadt, erzählte allen, was sie erlebt hatte, und kam mit vielen Leuten zurück. (Nach Johannes 4,1–30.)

Jesus und die Samaritanerin, Hauptportal der Elisabethenkirche (1857–66)

Grenzen sprengendes Handeln

Die Samaritanerin wurde von den Theologen immer wieder mit Maria von Magdala verglichen. Dabei wurden ihre für Männer anscheinend gefährliche Anziehungskraft und ihr zweifelhafter Lebenswandel als ihre wichtigsten Züge hervorgehoben – ein oft anzutreffendes Merkmal der Theologie von Männern: Engführung und Fixiertsein auf das Geschlechtliche, um es im gleichen Zug zu dämonisieren und als sündig zu verdammen. Diese für Männer und Frauen fatale Tendenz beginnt mit der Auslegung des zweiten Schöpfungsberichts. Die hier besprochene Episode aber zeigt mit aller Deutlichkeit, dass und wie Jesus die damals allgemein anerkannten Grenzen in dreifacher Hinsicht gesprengt hat: Er hat eine Frau zur Apostolin gemacht, und zwar eine Fremde, eine Samaritanerin, zudem eine Frau mit nicht gesellschaftskonformem Lebenswandel. Sie wiederum sprengt die ihr gesetzten Grenzen, indem sie, zutiefst berührt,

ein völlig neues Leben beginnt. So ist sie auf dem Relief über dem Eingangsportal der St. Elisabethenkirche als Jesu ebenbürtige Partnerin dargestellt. Auch Maria von Magdala, die offenbar zu einer der ersten Jüngerinnen wurde, handelte nicht konform – nicht einmal innerhalb der unter den Jüngern Jesu geltenden Normen; das zeigt ja die empörte Reaktion der Jünger. Die Samaritanerin steht zweifellos in ihrem Schatten und ist auch in der bildenden Kunst viel seltener dargestellt. Darum empfinde ich es als ein wegweisendes Zeichen, dass sie in Basel über dem Eingang zur St. Elisabethenkirche zu sehen ist, einer Kirche, welche Grenzen weitet und zur Freude vieler Menschen, besonders auch Frauen, neue Wege sucht und geht.

Kunstvoller Textaufbau

Der Dialog, den Jesus mit der samaritanischen Frau führt, ist kunstvoll entworfen. Der Text bewegt sich auf zwei Ebenen,

14

Jesus und die Samaritanerin, Wandbild, 17. Jh., im Raum 11 des Klingental-Museums

nämlich auf der Alltags- und auf der spirituellen Ebene. Darum ist es sinnvoll, einige Begriffe in ihrer Doppeldeutigkeit und Symbolik zu erklären:
Der Schlüsselbegriff «Wasser» ist doppeldeutig: Der griechische Ausdruck «hydor zon» kann «fliessendes Wasser/Quellwasser» und «Wasser des Lebens» zugleich bedeuten. «Wasser des Lebens» ist bei Jeremias (2,13) Gott selbst. «Trinken» bedeutet «unterrichtet werden». Das hörten die damaligen Hörerinnen und Hörer mit, weil es ihnen bekannt war.
Die zwei Ebenen erscheinen in folgenden Worten: Die Frau will ihren Krug mit Brunnenwasser füllen und tut das wohl auch. Zugleich aber wird sie im Gespräch mit Jesus selbst zum Krug, aus dem Lebenswasser fliessen wird, d.h. sie wird eine Lehrende sein. Dabei ist besonders interessant, dass im Hebräischen das Wort für «Krug» oder «Gefäss» zugleich auch «Frau» bedeutet.
Der Gesprächspartner von Jesus ist nach antikem und jüdischem Massstab in dreifacher Hinsicht minderwertig: Er ist eine Frau, dazu aus einem zwar Tora-gläubigen, aber doch «unreinen» Volk und überdies eine Frau mit zweifelhaftem Lebenswandel. Das beweist einerseits die Tatsache, dass sie zur Mittagszeit zum Brunnen geht, denn offensichtlich hofft sie, niemandem zu begegnen, und andererseits der Hinweis auf ihre fünf Männer.
Der Erkenntnisvorgang der Frau bewegt sich über fünf Stufen. Die Zahl fünf ist Symbol dafür, dass das Irdische als Materialisierung des Geistes erkannt wird. Die Samaritanerin erkennt Jesus zuerst als Juden, dann als erschöpften Menschen, darauf als Magier, später als Prophet und zuletzt als Messias, «Sohn Gottes», als inkarnierten Gott.
Das Zwiegespräch besteht aus sieben Wort- und Antwort-Einheiten. Auch die Symbolik der Zahl sieben als heilige Zahl war in der Antike allgemein bekannt. Bemerkenswerterweise gibt die Frau am Schluss keine Antwort, sondern handelt. Den Krug lässt sie stehen und wird ein Gefäss des Geistes. Das entspricht der Weisung des Evangeliums: Hören und handeln.
Dieser Dialog ist ein gewaltfreier Dialog. Darunter verstehe ich einen Dialog, in dem die PartnerInnen mit Einfühlung aufeinander hören und darauf verzichten zu urteilen, zu analysieren, zurechtzuweisen und Ratschläge zu geben.

Ich glaube an die Offenheit, jeden Menschen ohne Vorurteil als Menschen wahrzunehmen,
ich glaube an die Achtsamkeit, jeder und jedem wach zuzuhören und einfühlend zu antworten,
ich glaube an den Mut und die Bereitschaft dieser Frau, die Wahrheit des/der andern als Wahrheit anzunehmen und sich so von der unerwarteten Gegenwart Gottes ergreifen und verändern zu lassen.

Anna Selbdritt,
Schlussstein, Chorgewölbe,
1512/18, St. Leonhard

Rundgang 3

Denkwürdig in der Kirche

Anna

Maria von Magdala

Salome

Elisabet

Anna
in der Münsterkrypta

6

Maria von Magdala
in der Leonhardskirche

7

Salome
in der Elisabethenkirche

5

Elisabet
in der Heiliggeistkirche

8

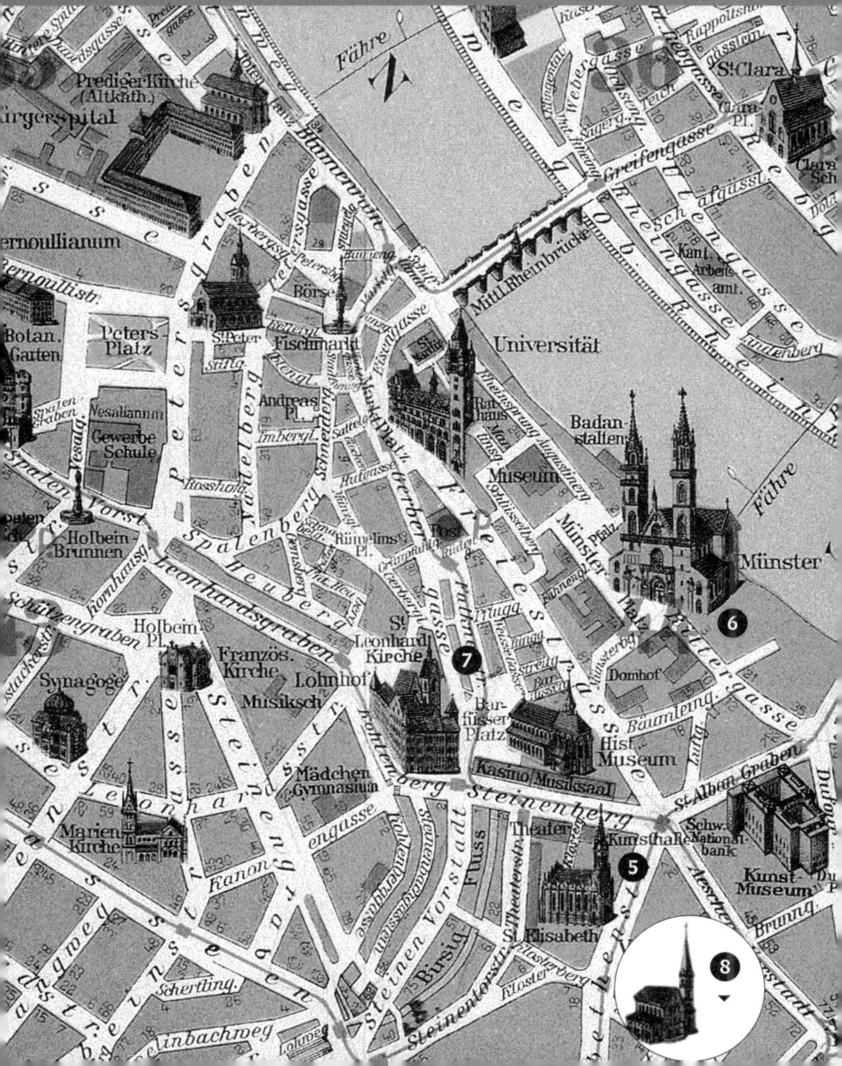

Anna

Eine Frau in anderen Umständen

Von Mirjam Wey

Annas Geschichte liegt im Verborgenen, unter der Oberfläche – im Schoss des Basler Münsters. Der Weg zu ihr führt von aussen nach innen, von oben nach unten: vom weiträumigen und lichtdurchfluteten Münsterplatz durch den rechten Seitengang – Säule für Säule abschreitend über die Treppe hinunter – in die Krypta. Hinabgestiegen in die Unterwelt, an den Ort, wo Erinnerungen vor sich hindämmern, muss sich das Auge an das Dunkle gewöhnen und genauer hinschauen. Dann tritt das Unbeachtete aus der Verborgenheit.
Von den drei Bildzyklen an der Decke erzählt der nächstliegende aus dem Leben der Heiligen Anna. Er beginnt beim Fenster und wird im Uhrzeigersinn gelesen.

Anna ist mit Joachim, einem sehr reichen und frommen Herdenbesitzer, in Jerusalem verheiratet. Auch nach vielen Ehejahren hat sich der sehnliche Wunsch nach einem Kind nicht erfüllt. An einem Passa-Fest wird Joachims Opfer im Tempel wegen seiner Kinderlosigkeit zurückgewiesen. Daraufhin zieht er

Ankündigung der Geburt Mariens an Anna, Ende 14. Jh., Münsterkrypta

mit seinen Herden traurig in die Wüste, wo er vierzig Tage und Nächte fastet. Anna bleibt unglücklich allein zurück. Sie bittet Gott mit den Worten: «O Gott unserer Väter, segne mich und erhöre meine Bitte, wie du den Mutterleib Saras gesegnet und ihr einen Sohn geschenkt hast.» Da erscheint ihr ein Engel und kündet ihr die Empfängnis und Geburt eines Kindes an. Anna verspricht darauf: «Wenn ich gebären werde, sei es ein Knabe oder ein Mädchen, so will ich es dem Herrn, meinem Gott, als Opfergabe darbringen, und es soll ihm Dienste verrichten alle Tage seines Lebens.» Auch Joachim in der Wüste wird ein Kind verheissen, woraufhin er nach Jerusalem zurückkehrt. Am Goldenen Tor begegnet Joachim Anna, die ihrem Mann entgegengeeilt ist. Anna wird daraufhin schwanger und gebiert ein Mädchen – Maria. Glücklich über ihre Tochter lobt Anna Gott mit den Worten: «Erhoben ist meine Seele an diesem Tag.» Als Maria dreijährig ist, erfüllt Anna ihr Gelübde. Gemeinsam mit Joachim bringt sie Maria in den Tempel und übergibt sie der Obhut der Priester.
Damit wendet das Protevangelium des Jakobus, eine apokryphe Schrift, seine Aufmerksamkeit allein der weiteren Geschichte der Gottesmutter Maria zu. Im Bildzyklus zeigen die letzten beiden Szenen Maria, wie sie mit andern Jungfrauen den Tempelvorhang webt und wie sie mit Joseph vermählt wird. Der mittlere Bildzyklus ist die Fortsetzung ihrer Lebensgeschichte. Von Anna wird nur noch berichtet, dass sie im hohen Alter in Jerusalem gestorben ist.

Von der Geschmähten zur Modeheiligen

Wenn Gott ganz Mensch geworden ist, dann muss er – nach menschlicher Art – nicht nur eine Mutter, sondern auch eine Grossmutter haben. Das Protevangelium des Jakobus fragt hinter die Kindheitsgeschichte Jesu in den Evangelien (Mt und Lk) zurück und erweitert dessen Stammbaum nach der mütterlichen Seite. In einer Legende, die nach 150 n. Chr. gebildet wurde, erzählt es in einem ersten Teil von den Eltern Marias, den Grosseltern Jesu: von Anna und Joachim. Annas Leben und Umstände ihrer späten Mutterschaft entsprechen dem Schicksal Hannas (1. Sam 1–2) und sind ihm typologisch nachgestaltet. Beide Frauen blieben bis ins hohe Alter kinderlos und waren damit gesellschaftlich geschmäht, weil sie vor ihrer «schöpfungsgemässen Bestimmung als Mutter» versagten. Durch ihr Gebet

Konrad Witz, Anna und Joachim
an der Goldenen Pforte, ehemaliger
Heilspiegelaltar St. Leonhard,
Öffentliche Kunstsammlung, Basel
Kunstmuseum
▼

12

greift Gott ein und schenkt der einen einen bedeutenden Sohn, der andern eine namhafte Tochter. Während das Leben der ehemals Unfruchtbaren und Erniedrigten eine glückliche Wendung hin zu Mutterschaft und Erhöhung erhält, wird die patriarchale Ordnung, nach der sich der Wert einer Frau durch ihre Kinder bemisst, fortgeschrieben. Anna und Hanna sind nochmals davongekommen: Die Schmach ist von ihnen genommen, ihre Ehre ist gerettet – das gesellschaftliche Wert- und Machtsystem aber bleibt unangefochten und fügt kinderlosen Frauen weiterhin schweres Leid zu.

Als Patronin der kinderlosen Frauen und werdenden Mütter ist die Heilige Anna schon früh bezeugt. Beim Ausbleiben des Kindersegens wurde sie angerufen, und bei den unvollkommenen Mitteln der Geburtshilfe wurde bei ihr Zuflucht gesucht. Mancherorts erhofften sich Frauen durch das Trinken des Annawassers, das zu Ehren der Heiligen mit vielen Gebeten eigens geweiht wurde, eine

Annakapelle in Mariastein

15

leichte Geburt. Aus der Annaquelle bei der Annakapelle in Mariastein wurde vermutlich die gleiche Hoffnung geschöpft.
Zur Modeheiligen des Abendlandes wurde Anna Mitte des 15. Jahrhunderts. Theologische Grundlage für ihre steigende Verehrung war die Lehre von der «Unbefleckten Empfängnis Marias», die das Konzil zu Basel am 17. September 1439 unter grossen Feierlichkeiten im Münster zum verbindlichen Glaubenssatz erklärte. Fortan galt, dass Maria schon im Mutterleib Annas von der Erbsünde frei war. Damit wurde auch die Grossmutter Jesu direkt ins Heilsgeschehen einbezogen. Die Idee wurde theologisch noch weitergesponnen, indem auch Anna bei der Geburt Marias Jungfrau blieb. Das Wunder solch unbefleckter Empfängnis geschah demnach im Goldenen Tor, wo der Wiedersehenskuss Folgen hatte – Anna wurde daraufhin schwanger. Der Maler Konrad Witz weilte zur Zeit des Konzils in Basel und arbeitete an den Bildtafeln zum Heilspiegelaltar, der vermutlich für die Leonhardskirche bestimmt war. War seine Darstellung von Anna und Joachim im Goldenen Tor eine Reaktion auf den Konzilsbeschluss, durch die er sich die besondere Förderung seiner Kunst versprach?
Ausdruck des lokal blühenden Annakultes war auch die Annakapelle, die ehemals vor dem Bläsitor im Klein-Basel stand. Sie war Filiale der Theodorskirche und vermutlich Zentrum der «Brüderschaft St. Annen im minderen Basel». Annenbruderschaften waren religiöse Vereinigungen im besonderen von Kaufleuten und Handwerkern, die sich in der Sorge für das Seelenheil zusammenschlossen. Den Mitgliedern wurde ein anständiges Begräbnis zugesichert und nach ihrem Tod Fürbitten, Messen und Vigilien von den Brüdern verrichtet. Wer zu einer Annabruderschaft gehörte, verpflichtete sich zum Dienst an dieser Heiligen, besonders am Dienstag, ihrem Wochentag.

Dem Storch Flügel machen?

Der Russ abgebrannter Kerzen an der Mauer der Fensternische unter dem Anna-Bildzyklus erinnert an die Hoffnung ungezählter

16

Anna, Altarfigur, Josephskirche, 1900/02

kinderloser Frauen, die hier im Verborgenen in Flammen aufgegangen ist. Im Schoss des Münsters «Unserer Lieben Frau», unter dem Hochaltar, stand seit Anfang des 14. Jahrhunderts ein Anna-Altar. Da, im Erdinnern, näher dem machtvollen Kraftzentrum, über dem die Oberkirche ehemals errichtet wurde, baten Mütter ungeborener Wunschkinder Anna um Hilfe.
«Es ist letztlich die ureigenste Aufgabe einer Frau, ein Kind zu kriegen. (...) Wenn eine Frau dazu nicht fähig ist, dann ist ihr ganzer eigentlicher Lebenszweck unerfüllt.» Was unlängst ein deutscher Fortpflanzungstechniker öffentlich äusserte, ist die Stimme des jahrtausende alten Patriarchats, das Frauen auf die Rolle der Mutter festlegte. Obwohl die Ursachen der Unfruchtbarkeit etwa zu gleichen Teilen beim Mann wie bei der Frau liegen, nahmen Frauen seit jeher die «Schuld für das Versagen» häufiger auf sich. Verschiedene Praktiken weckten Hoffnung, trotzdem Mutter zu werden. Im Mittelalter nahmen kinderlose Frauen zum Beispiel Ziegenmolke mit den getrockneten und zerriebenen Genitalien eines Hasen ein, oder sie bissen das Gras auf dem Grab einer in der Schwangerschaft gestorbe-

nen Frau ab und beschworen die Tote, sie möge ihnen die Leibesfrucht schenken. Heute sind die Behandlungsmethoden, «dem Storch Flügel zu machen», für Frauen nicht weniger demütigend. Der Erfolg der Reproduktionsmedizin ist nachweislich sehr klein, ihr Preis für die betroffenen Frauen aber hoch: Die Spirale von Hoffnung, Enttäuschung und erneutem Leiden führt zu einem grossen psychischen Druck, und die Fixierung auf den Kinderwunsch kann die eigene Lebensperspektive stark verengen.

Dienen die Entwicklung und Anwendung der reproduktionsmedizinischen Methoden wirklich den Frauen? Oder führen sie höchstens zur Verbesserung der Situation der Frauen innerhalb des patriarchalen Systems und verfestigen damit deren Unterdrückung? Ist es nicht vielmehr an der Zeit, dass sich Frauen von der zwanghaften Vorstellung befreien, dass ihre einzige und wichtigste Funktion die Mutterschaft sei und ein Kind der ausschliessliche Sinn ihres Daseins?

«Selig sind die Unfruchtbaren und die Leiber, die nicht geboren haben, und die Brüste, die nicht gestillt haben.» Das ist die andere, befreiende Stimme des Evangeliums (Lk 23,29), welche die Kinderlose selig preist und ihr das Recht auf den eigenen Lebensentwurf zugesteht. Die Kinderlosigkeit wird damit nicht als Versagen gewertet, sondern als Chance für eine andere Form der Fruchtbarkeit gesehen.

Ich sehe das Leiden vieler Mütter ungeborener Wunschkinder und glaube mit Anna an einen mütterlichen Gott, der Leben aus Leiden schafft.
Ich glaube an die Fruchtbarkeit aller Frauen und Männer, die nicht in anderen Umständen sind, aber schöpferische Kräfte in sich wachsen lassen und ihnen das Leben schenken.
Ich glaube an die Weitergabe des Lebens, wo Menschen hoffnungsschwanger und in Erwartung sind, dass die Zwillinge Gerechtigkeit und Frieden nicht blosse Kopfgeburt sind.

Literaturhinweise

Angelika Dörfler-Dierken: Die Verehrung der heiligen Anna in Spätmittelalter und früherer Neuzeit, Göttingen 1992
Edgar Hennecke: Neutestamentliche Apokryphen in deutscher Übersetzung, hrsg. von Wilhelm Schneemelcher, Bd. 1, Evangelien, Tübingen 1959[3]
Erika Wisselinck: Anna im Goldenen Tor. Gegenlegende über die Mutter der Maria, Stuttgart 1990

Maria von Magdala

«Apostola apostolorum»

Von Ruth Epting

«Maria aber stand aussen bei der Gruft und weinte. Wie sie nun weinte, beugte sie sich in die Gruft hinein; da sieht sie zwei Engel in weissen Kleidern dasitzen, den einen beim Haupte und den andern bei den Füssen, da, wo der Leib Jesu gelegen hatte. Und die sagen zu ihr: Frau, was weinst du? Sie sagt zu ihnen: Sie haben meinen Herrn hinweggenommen, und ich weiss nicht, wo sie ihn hingelegt haben. Als sie dies gesagt hatte, wandte sie sich um. Und sie sah Jesus dastehen und wusste nicht, dass es Jesus war.
Jesus sagt zu ihr: Frau, was weinst du? Wen suchst du? Jene in der Meinung, es sei der Gärtner, sagt zu ihm: Herr, hast du ihn weggetragen, so sage mir, wo du ihn hingelegt hast, und ich will ihn holen. Jesus sagt zu ihr: Maria! Da wendet sich diese um und sagt zu ihm auf hebräisch: Rabbuni! (das heisst: Meister) Jesus sagt zu ihr: Rühre mich nicht an; denn ich bin noch nicht zum Vater aufgefahren. Geh aber zu meinen Brüdern und sage ihnen: Ich fahre auf zu meinem Vater und eurem Vater und zu meinem Gott und eurem Gott. Maria aus Magdala geht und verkündigt den Jüngern, dass sie den Herrn gesehen und dass er dies zu ihr gesagt habe.» (Joh 20,11–18)

«Die Jünger aber waren betrübt, weinten heftig und sprachen: ‹Müssen wir jetzt zu den Heiden gehen und das Evangelium vom Menschensohn predigen? Dieser wurde nicht verschont – wie sollen da wir verschont werden!› Da stand Maria auf, gab allen den Gruss und sprach zu ihren Brüdern: ‹Weint nicht, seid nicht traurig und zweifelt nicht, denn seine Gnade wird mit euch allen sein und wird euch beschützen. Lasst uns vielmehr seine Grösse preisen, denn er hat uns zubereitet und zu Menschen gemacht.›» (Aus dem apokryphen Evangelium nach Maria.)

Eine klare Frau – eine schillernde Geschichte

In den ersten Jahrhunderten der christlichen Gemeinden galt Maria von Magdala als eine Jüngerin, die Jesus wie die zwölf Apostel begleitet hat. Der Kirchenvater Augustin spricht von ihr als der «apostola apostolorum», d.h. der ersten, die die Botschaft des auferstandenen Herrn verkündet hat. Mit der Entstehung der Institution Kirche und der Formulierung von Dogmen wurden die Frauen als Trägerinnen der Heilsbotschaft unsichtbar gemacht. Das zeigt sich in den Auslegungen, in

Maria von Magdala, Wandbild-
fragment um 1510/15, beim
Haupteingang der Leonhardskirche

denen verschiedene anonyme biblische Frauengestalten mit Maria aus Magdala vermischt werden. Sie wird gleichgesetzt mit der «grossen Sünderin» (Lk 7,38) und wird damit zur Büsserin. Auch mit der salbenden Frau (Mt 26,6) und der Schwester von Marta und Lazarus in Bethanien wird sie identifiziert. Das Einzige aber, das wir über ihr Vorleben aus den Evangelien wissen, ist, dass sieben Dämonen aus ihr ausgefahren sind (Lk 8,2), was auf eine geheilte psychische Krankheit hinweist. Im 12. Jahrhundert wird sie im Albani-Psalter von Hildesheim als Predigerin in Aix-en-Provence dargestellt. Auch aus dem 16. Jahrhundert ist ein ähnliches Bild erhalten. Beide Darstellungen weisen auf die Legende hin, nach der Maria von

Magdala mit einem der 72 Jünger Jesu auf einem Boot ohne Ruder und Segel an die französische Küste kam und in vielen Orten Südfrankreichs die Botschaft von Jesus verkündete und auch taufte. Bilder in verschiedenen südfranzösischen Kirchen weisen darauf hin.
Es könnte sein, dass Maria von Magdala und auch Marta Jahrhunderte später eine besondere Bedeutung im Aufbruch der Katharer und Albigenser bekommen haben. In dieser religiösen Bewegung predigten auch Laien und Frauen. In Mitteleuropa gab es zur selben Zeit Ordensfrauen und Beginen, die ins Leben der Kirchen eingriffen und Bücher schrieben (Hildegard von Bingen, Mechthild von Magdeburg und andere). Mit der Reformation und Gegenreformation ist diese Entwicklung der verkündenden Frauen ausgelöscht worden, wie wir das etwa an den alten Bildern der Basler Kirchen entdecken, zum Beispiel in der Leonhardskirche, wo nur ein Fresko von Maria von Magdala ohne Kopf mit der Alabasterflasche erhalten ist. Auf dem Peter-Rot-Altar in der Barfüsserkirche aus vorreformatorischer Zeit ist sie als eine der Heiligen im damals modischen Kleid einer wohlhabenden Bürgersfrau dargestellt, die ein Salbengefäss in der Hand trägt. Im 19. Jahrhundert sind sowohl im Münster wie in der Elisabethenkirche im Zusammenhang mit der Kreuzigung und Auferstehung Jesu Glasbilder entstanden, welche die leidenschaftlich trauernde und die fragend tastende Maria von Magdala zeigen, zu der Jesus sagt: «Berühre mich nicht!» Die sehr verschiedenartige Wirkungsgeschichte deutet darauf hin, dass Maria von Magdala eine zentrale Persönlichkeit der frühen Kirchengeschichte ist, die im Kampf der Männer um die Macht im Aufbau der Kirchen zur Prostituierten, zur Geliebten oder zur dienenden Büsserin umgedeutet wurde.
In der Diskussion um die Ordination der Frauen in vielen Kirchen heute ist sie aber wegweisend geworden. In Basel haben schon 1931 Gespräche in der Synode der evangelisch-reformierten Kirche über die Ordination von Frauen stattgefunden und dazu geführt, dass 1932 zwei Theologinnen, Marie Speiser und Anna Aicher, ordiniert wurden. Heute wird diese Frage in vielen Kirchen diskutiert und von den Kirchenleitungen teils heftig abgelehnt. Die Freiheit und Anerkennung, die die Frauen um Jesus lebten, machen vielen heutigen Frauen Mut, ihren Beitrag zum Leben der christlichen Gemeinden zu geben.

6

«Noli me tangere», 1856,
von Joh. Caspar Gsell, Münster,
unterer Chorumgang

Liebe Maria aus Magdala,

seit vielen Jahren stehe ich mit Dir im Gespräch. Du hast mir Mut gemacht, von dem zu sprechen, was mein Leben erfüllt, und mich führen zu lassen von all dem, was Jesus Euch Frauen und den Jüngern anvertraut hat. Ich weiss, was es bedeutet, von all den Bildern befreit zu sein, die mir meine christliche Umgebung aufdrücken wollte. Die Männer haben Dich zur Verführerin, zur Geliebten Jesu, zur Prostituierten gemacht und darum Dir und Deinen Schwestern einen Platz zugewiesen, der ihnen dient. Wir Frauen sollten demütige, untertänige Ehefrauen und Mütter sein, aber nicht eine eigene Persönlichkeit entwickeln. Erstaunlich, dass Ihr Euch damals über diese Zuweisungen hinweggesetzt habt und Du die Kraft hattest, die Jünger zu ermuntern, ihren Auftrag zu erfüllen. Sie hatten sich wohl etwas geärgert, dass Du die erste warst, die begriffen hat, dass Jesus auferstanden ist. Du sagtest zu den Jüngern: «Ich habe den Herrn gesehen und er hat mir aufgetragen: Gehe zu meinen Brüdern und sage ihnen: Ich fahre auf zu meinem Vater und eurem Vater und zu meinem Gott und eurem Gott.»
Dieses Sehen und Erkennen der Kraft, die unser Menschsein verwandelt, vom Tod zum Leben führt, hat mich berührt und hat

11

Maria von Magdala, als einzige der Heiligen Frauen in modischer zeitgenössischer Kleidung, Peter Rot-Altar (rechter Flügel innen), vor 1487, Barfüsserkirche/Historisches Museum Basel

mich stark gemacht, den langen, schweren Weg zum Amt der Verkündigung in der Kirche zu gehen. Du bist uns vorangegangen, und wir haben durch Dich Mut bekommen, viele Vorurteile unserer Gesellschaft und Kirche zu überwinden. Denn Jesus hat auch uns Frauen zu eigenen Menschen gemacht.

Ich glaube an die befreiende Kraft, die Jesus der Maria von Magdala gegeben hat. Er hat sie befähigt, mit Dankbarkeit und Freude zu verkünden, dass Jesus lebt und dass er auch uns ein erfülltes Leben schenkt.

Literaturhinweise

Ruth Epting: Für die Freiheit frei. Der Weg der Frau in Kirche und Gesellschaft, Zürich 1972

Elisabeth Gössmann: Maria Magdalena als Typus der Kirche. Zur Aktualität mittelalterlicher Reflexionen, in: Dietmar Bader (Hrsg.): Maria Magdalena. Zu einem Bild der Frau in der christlichen Verkündigung, München/Zürich 1990

Elisabeth Moltmann-Wendel: Ein eigener Mensch werden. Frauen um Jesus, Gütersloh 1980

Anne Jensen: Maria von Magdala. Traditionen der frühen Christenheit, in: Bader, a.a.O.

Helen Schüngel-Straumann: Maria von Magdala. Apostolin und erste Verkünderin der Osterbotschaft, in: Bader, a.a.O.

Luise Schottroff: Maria Magdalena und die Frauen am Grabe, in: dies.: Befreiungserfahrungen. Studien zur Sozialgeschichte des NT, München 1990

Wilhelm Schneemelcher: Neutestamentliche Apokryphen, Band 1, Evangelien, Tübingen 1959

Salome

Eine Jüngerin Jesu

Von Doris Strahm

Salome wird vom Evangelisten Markus (Mk 15,40; 16,1–8) namentlich als eine der Frauen genannt, die von Ferne bei der Kreuzigung Jesu anwesend sind und am Ostermorgen zum Grab gehen. Sie gehört zu den Frauen, die Jesus bereits in Galiläa begleitet haben, ihm dienten und ihm bis nach Jerusalem nachfolgten. Anders als die Jünger, die aus Angst geflohen sind, verharren Salome, Maria von Magdala und Maria, die Mutter des Jakobus des Jüngeren und des Joses, in der Nähe des Kreuzes, sind Zeuginnen von Jesu Hinrichtung und riskieren, als seine Anhängerinnen ebenfalls von den Römern gefangen und gekreuzigt zu werden. Am Ostermorgen kaufen die drei Frauen Öle und Salben, um den Leichnam zu salben. Doch das Grab ist leer. Ein junger Mann in einem weissen Gewand verkündet ihnen die Nachricht von Jesu Auferweckung: «Ihr sucht Jesus, den

Vermutlich Salome, Chorfenster,
Elisabethenkirche (1866)

Nazarener, den Gekreuzigten; er ist auferweckt worden; er ist nicht hier. (...) Geht hin und sagt seinen Jüngern und dem Petrus: Er geht euch voraus nach Galiläa; dort werdet ihr ihn sehen, wie er es euch gesagt hat.» (Mk 16,6–7)

Mutmassungen über eine weitgehend unbekannte Frau

Salome wird nur im Markusevangelium als Zeugin des Todes und der Auferstehung Jesu genannt und nicht weiter charakterisiert. Es wurde vermutet, Salome sei entweder identisch mit der bei Joh 19,25 erwähnten Schwester Marias oder mit der Mutter der Zebedäussöhne (Mt 20,20). Im Mittelalter konstruierte man daraus eine heilige Sippe und Grossfamilie, zu der noch andere biblische Gestalten gezählt wurden. Interessant ist, dass Salome in einigen apokryphen, d.h. nicht in den biblischen Kanon aufgenommenen Schriften wie dem Ägypterevangelium, dem Thomasevangelium oder der «Pistis Sophia» erwähnt wird und eine ähnliche Position erhält wie Maria von Magdala, die unter den Jüngern eine besondere Stellung einnimmt. Im Thomasevangelium bezeichnet sich Salome nach einer Offenbarung durch Jesus als seine Jüngerin.

Frauen – die wahren Nachfolgerinnen Jesu und Zeuginnen seiner Auferstehung

Salome war eine Frau, die dem jüdischen Wanderpropheten Jesus von Nazaret nachfolgte und Zeugin seines Todes und seiner Auferstehung war. Mehr wissen wir nicht von ihr. Weder ihr Alter, noch ihre soziale Herkunft oder ihren Zivilstand. Und doch erfahren wir ihren Namen – im Gegensatz zu den meisten Nachfolgerinnen Jesu, deren Namen nicht überliefert wurden – sowie die Tatsache, dass sie Jesus «diente», also zu seinen Nachfolgerinnen gehörte. Denn «dienen», griechisch «diakonein», ist bei Markus der zentrale Begriff für die Nachfolge Jesu. Er meint das neue Verhalten der christlichen Gemeinde in der Nachfolge Jesu, in der es keine Rangunterschiede geben soll und auch die «Ersten» in der Gemeinde die Diener aller sein sollen, in der also die gesellschaftlichen Herrschaftsverhältnisse ausser Kraft gesetzt sind und eine neue Form von nicht-hierarchischer, schwesterlicher und brüderlicher Gemeinschaft gelebt wird. Auffälligerweise wird diese Praxis des «Dienens» im Markusevangelium nur von Frauen berichtet und dem Verhalten der Jünger gegenübergestellt, die um Rangfolge und Macht streiten (Mk 9,34–35). Die Schwiegermutter des Petrus, Marta, Maria von Magdala, Maria, die Mutter des Jakobus, Salome und die Frauen, die Jesus von Galiläa nach Jerusalem gefolgt sind, praktizieren diese Form der Nachfolge; sie sind die wahren Jüngerinnen Jesu, der gekommen ist, um zu dienen (Mk 10,45). Sehr bald schon, zum Beispiel im Lukasevangelium, wird das «Dienen» jedoch zu einer geschlechtsspezifischen Angelegenheit der Frauen abgeschwächt.

Markus berichtet weiter, dass Salome, zusammen mit Maria von Magdala und Maria, der Mutter des Jakobus, auch Zeugin des Todes und der Auferstehung Jesu gewesen ist. Frauen sind nicht nur die wahren Nachfolgerinnen Jesu, sie sind auch die Trägerinnen der Tradition von Tod, Begräbnis und Auferstehung Jesu. Denn in allen vier Evangelien werden die Passionsberichte mit einer Reihe von Frauennamen verbunden. Mit anderen Worten: Das christliche Bekenntnis «er ist gestorben, begraben und auferweckt worden» ist in den Passions- und Auferstehungsberichten der Evangelien einzig und allein an das Zeugnis von Frauen gebunden.

Doch die führende Rolle der Frauen als treue Nachfolgerinnen Jesu und als Zeuginnen seiner Auferstehung ist nicht geschichtsmächtig geworden. Im Gegenteil: In der römisch-katholischen Kirche sind und bleiben Frauen sogar für alle Ewigkeit von der Christus-Repräsentation im Priesteramt ausgeschlossen, weil Christus nur Männer zu seinen Aposteln berufen habe, wie Papst Johannes Paul II in einem Apostolischen Schreiben 1994 endgültig festgehalten hat. Dieser Ausschluss der Frauen beginnt bereits innerhalb des Neuen Testaments. So wird in 1. Kor 15,3–8, wo von Erscheinungen des Auferstandenen berichtet wird, keine einzige Frau erwähnt. Wir haben es hier mit einer Liste von Männern zu tun, die dazu dient, Petrus und die Zwölf als Zeugen der Auferstehung zu autorisieren. Es scheint also zwei verschiedene Traditionen gegeben zu haben: eine «Erscheinungs-Tradition», die nur mit Männernamen verbunden ist und – wie einige feministische Theologinnen meinen – auf den Ausschluss der Frauen vom Apostelamt zielt, sowie eine «Tradition des leeren Grabes», die in den Evangelien den Frauen zugeschrieben wird. Die Frauen suchen Jesus im Grab,

Vermutlich Salome, Grablegung,
um 1350/1360, St. Peter

unter den Toten. Doch das Grab ist leer; Jesus ist nicht an dem Ort, wo er begraben wurde. Und die Botschaft, die sie verkünden sollen, lautet: Er ist auferweckt worden, er geht euch voraus nach Galiläa (Mk 16,6–7; Mt 28,5–7).

Diese den Frauen zugeschriebene Tradition des «leeren Grabes» beinhaltet eine Form der Auferstehungsbotschaft, die eher nach Handlung als nach einem Bekenntnis verlangt, wie die feministische Theologin Elisabeth Schüssler Fiorenza meint. Die Tradition des «leeren Grabes» lokalisiert den Auferstandenen auf der Erde, in Galiläa, und weist nach vorne, in die Zukunft. Auferstehung bedeutet, dass Jesus nicht fort, sondern vorausgegangen ist und unter den Lebenden gefunden werden kann. Die Tradition vom «leeren Grab» nimmt Leiden und Tod ernst, gibt ihnen jedoch nicht das letzte Wort oder einen religiös-theologischen Wert an sich: Das Grab ist leer. Das leere Grab symbolisiert nicht nur Abwesenheit, sondern Anwesenheit (Schüssler Fiorenza): Es verkündet die Gegenwart des Auferstandenen auf dem offenen Weg nach vorne, nach Galiläa, als dem Ort, wo alles begonnen hat, dem Ort der kleinen Leute, dem Ort der Widerstandskämpfer, dem Ort der Frauen und anderer marginalisierter Gruppen. Der Auferstandene ist bis heute in den «kleinen Leuten» gegenwärtig, in den Überlebenskämpfen der Frauen, Männer und Kinder der Dritten Welt, in den Gefangenen, den Gefolterten und unschuldig Getöteten, in

den Gesichtern der Frauen, die weltweit um Würde und Befreiung kämpfen.
Und noch immer gehen die Salomes dieser Welt zu den Gräbern der Ermordeten, bekunden öffentlich ihre Solidarität und Treue im Angesicht der Mörder. Noch immer sind es vor allem die Frauen, die wie Salome, Maria von Magdala und Maria Zeugnis ablegen von der Auferstehung zu neuem Leben inmitten von Angst, Verzweiflung und Erfahrungen des Todes.

Mich beeindruckt der Mut der Jüngerin Salome, die gemeinsam mit den beiden Marien öffentlich ihre Solidarität mit dem gekreuzigten Jesus aus Nazaret bekundet hat und dem, woran sie glaubte, treu geblieben ist.

Literaturhinweise

Monika Fander: Die Stellung der Frau im Markusevangelium. Unter besonderer Berücksichtigung kultur- und religionsgeschichtlicher Hintergründe, Altenberge 1989
Elisabeth Moltmann-Wendel: Ein eigener Mensch werden. Frauen um Jesus, Gütersloh 1980, S. 111–121
Elisabeth Schüssler Fiorenza: Jesus – Miriams Kind, Sophias Prophet. Kritische Anfragen feministischer Christologie, Gütersloh 1997, S. 185–196

Elisabet

Am Rand der Geschichte, im Zentrum der Botschaft

Von Irina Bossart

Elisabet lebte zusammen mit ihrem Mann Zacharias, einem jüdischen Priester, in einer Stadt im Bergland Judas. Beide waren schon betagt. Sie lebten gerecht vor Gott und hielten sich an Gottes Gebote. Elisabet war kinderlos geblieben. Nun geschah es, dass dem Zacharias zur Zeit seines Priesterdienstes ein Engel des Herrn erschien. Gabriel, so war der Name des Engels, brachte ihm die frohe Botschaft, dass Elisabet ein Kind gebären werde. Zacharias zweifelte an der Botschaft. Kurze Zeit später wurde Elisabet schwanger. Sie sagte: «So hat Gott an mir getan; er hat mich angesehen und meine Schande unter den Menschen weggenommen.» Im sechsten Monat von Elisabets Schwangerschaft wurde der Engel Gabriel von Gott zu Maria gesandt, auch ihr eine bevorstehende Schwangerschaft und Geburt anzukündigen. Gabriel berichtete Maria, dass ihre Verwandte Elisabet ebenfalls ein Kind erwarte. Maria wanderte darauf zu Elisabet. Als sie ankam, ins Haus trat und Elisabet begrüsste, da hüpfte das Kind in Elisabets Leib. Elisabet wurde voll des heiligen Geistes. Sie segnete Maria, fragte, woher ihr zuteil werde, dass die Mutter ihres Herrn zu ihr komme, und sie pries den Glauben Marias. Darauf sang Maria – vermutlich sangen jedoch beide (es gibt Textüberlieferungen, die Elisabet als Singende anführen) – das Magnifikat: «Meine Seele erhebt den Herrn / und mein Geist ist voll Jubel / über Gott, meinen Retter / dass er hingese-

Begegnung von Maria und Elisabet,
Marienaltar von Joseph Dettlinger,
Heiliggeistkirche, 1913

hen hat / auf die Erniedrigung seiner Magd / denn siehe, von nun an werden mich / seligpreisen alle Geschlechter/ Denn Grosses hat mir der Mächtige getan / und heilig ist sein Name / und sein Erbarmen währt von Geschlecht zu Geschlecht / über die, welche ihn fürchten / Er hat Macht geübt mit seinem Arm / er hat zerstreut, die hochmütig sind / in ihres Herzens Sinn / er hat Gewaltige von den Thronen gestossen / und Niedrige erhöht / Hungrige hat er mit Gütern erfüllt / und Reiche leer hinweggeschickt.» – Maria blieb rund drei Monate bei Elisabet. Und für Elisabet kam die Zeit der Geburt. Ihre NachbarInnen und Verwandten hörten, dass der Herr sein Erbarmen gross an ihr gemacht hatte, und freuten sich mit ihr. (Erzählt nach Lukas 1,5–58)

Ver-Körperung von Heilsgeschichte

Am Anfang des Lukasevangeliums steht die Geschichte einer alten, kinderlosen Frau. Mit dem Motiv der Verheissung an eine Unfruchtbare knüpft die Geschichte von Elisabet zum einen an Traditionen des ersten Testaments an, das ebenfalls Erzählungen von unfruchtbaren Frauen kennt. Versinnbildlicht wird eine Befreiungserfahrung, die durch Momente von Verzweiflung und Leid, von Hoffnung und Zuversicht hin zu Geburt von neuem Leben und aufbrechender Kraft gekennzeichnet ist. Zum andern spannt die eröffnende Elisabet-Geschichte den Bogen zum Ende des Lukasevangeliums, das auch mit einem Segen und grosser Freude schliesst. Geburtliche Befreiungs- und Auferstehungserfahrung stehen dadurch in Korrelation. Und am Anfang wie am Ende sind es Frauen, die die Botschaft glauben, empfangen und «zur Welt bringen». Die «kleine» und die «grosse» Geschichte sind aufeinander bezogen. Die Anfangsposition der Elisabet-Geschichte lädt ein, das Evangelium in ihrem Licht zu lesen.

Elisabet erfährt Gottes Heilshandeln an ihrem eigenen Leib. Im hohen Alter erwartet sie ein Kind. Für Elisabet bedeutet das eine Befreiung von Erniedrigung, Verachtung und von sozialer Ausgrenzung: Gott nahm ihre Schmach hinweg. Noch ein zweites Mal wird göttliches Handeln Elisabet körperlich offenbar. Nachdem sie den Gruss Marias gehört hat, hüpft das Kind in ihrem Leib, und sie wird vom heiligen Geist erfüllt. Darin gehört sie auch zum Bildprogramm der Heiliggeistkirche. «Bewegt» spricht Elisabet den Segen über Maria und redet prophetisch,

wenn sie in einer Art Christusbekenntnis sagt: «Und woher wird mir dies zuteil, dass die Mutter meines Herrn zu mir kommt?» Das Wahrnehmen der/des andern schafft die Basis für segensreiche Beziehungen. Daraus wächst die Kraft für widerständiges Singen und befreiendes Handeln. Das Magnifikat reflektiert die gemeinsame Erfahrung von Elisabet und Maria. Gleichzeitig entwirft es die verheissungsvolle Vision vom Reich Gottes, dem Projekt einer gerechteren Welt, dem sich später auch Jesus verschreibt. Die darin getroffene Option für die Benachteiligten und Marginalisierten, hier insbesondere für Elisabet und Maria, vollziehen die meisten Bibelkommentare noch nicht nach. Insbesondere Elisabet wird als «Randfigur» betrachtet und ist meist nur in der Rolle als «Gebär-Mutter» von Interesse.

Maria und Elisabeth – einander Kraft geben und eine Vision vom gerechteren Leben[1]

(Von Reinhild Traitler)

Eine junge Frau besucht eine ältere
die beiden haben nichts gemeinsam, fast nichts
ausser dem einen:
beide sind unter ungewöhnlichen Umständen
in anderen Umständen.

Eine ist eigentlich schon zu alt für
das Kinderkriegen
vielleicht wird das Baby mongoloid
ein unverantwortliches Risiko
die andere ist nicht verheiratet
das Kind ist nicht einmal von ihrem Freund.

Maria besucht Elisabeth, weil sie sich freut
auf das Kind trotz allem
Elisabeths Kind bewegt sich in ihrem Bauch
weil Elisabeth glücklich ist
über die Solidarität dieser jungen Frau.
In der Begegnung der beiden wächst die Kraft
zum Widerstand gegen Diskriminierung und
Rollenzwänge
die Frauen auf ihren Platz verwiesen haben
jahrtausende lang.

In der Zukunft Gottes wird es anders sein
da wird uns das Leben nicht mehr
vorgeschrieben werden
da werden die alten Machtansprüche
nicht mehr gelten
nicht die der Reichen, nicht die der Männer.

Da wird keine Frau mehr an Unterernährung
sterben
weil sie als letzte in der Familie zu essen bekommt
da werden keine Mädchen mehr getötet
weil sie minderwertig sind
da werden keine Frauen mehr ausgebeutet als
billige Arbeitskräfte
doppelt und dreifach
am Arbeitsplatz und in der Familie.

Da werden unsere Körper wirklich
Gottes Tempel sein
und unser Wert wird aus uns selber kommen
nicht aus den Männern, denen wir gehören
oder den Kindern, die wir geboren haben.

In der Zukunft Gottes werden wir uns Frauen zu
Vorbildern nehmen
wir werden tanzen vor Freude
weil wir einander Kraft gegeben haben
und eine Vision vom gerechteren Leben.

Nun endlich grünt das dürre Holz.

Ich glaube an die sprengende Kraft, die aus guten Beziehungen hervorbricht, die den ganzen Menschen erfasst und mit strahlender Freude erfüllt.

Literaturhinweise

1) Gedicht von Reinhild Traitler, Erstabdruck in: «Meditationen zum Hungertuch ‹Biblische Frauengestalten›», hrsg. von Fastenopfer und Brot für alle, Luzern und Bern 1994

Kompendium Feministische Bibelauslegung, hrsg. von Luise Schottroff und Marie-Theres Wacker, Gütersloh 1998, S. 513–520

Claudia Janssen: Elisabeth und Hanna – zwei widerständige alte Frauen in neutestamentlicher Zeit. Eine sozialgeschichtliche Untersuchung, Mainz 1998

Darstellung des dreieinigen Gottes, um 1400, Ausschnitt aus Verkündigung an Maria, Keppenbachkapelle, St. Peter

Rundgang 4

Unerkannt an ihrem Ort

Hagar

Die Königin von Saba

Die krumme Frau

Hagar
im Theologischen Seminar

9

Die Königin von Saba
in Berlin

verreist

Die krumme Frau
in der Antoniuskirche

10

Hagar

Dem Unsichtbaren einen Namen geben

Von Regine Munz

Das Bild wird leicht übersehen. Obwohl das grossformatige Gemälde im ersten Stock des Theologischen Seminars an prominenter Stelle hängt, habe ich es mir erst jetzt für diesen Beitrag genauer angeschaut. Zu sehen ist am rechten unteren Bildrand eine Frau mit einem Kind, zu denen von links oben ein Engel herabschaut.

Pietro Berrettini da Cortona (1596–1669), Hagar in der Wüste, Theologisches Seminar, Nadelberg 10, 1. Stock, Foyer, Leihgabe Öffentliche Kunstsammlung Basel

Bei der Frau handelt es sich um die Ägypterin Hagar. Sie sitzt allein in der Wüste. Ihre Herrin Sara hat sie verstossen und Abraham, der Vater ihres Kindes, sie lediglich mit dem Proviant für einen Tag versorgt. Nachdem das Wasser ausgegangen ist, wartet sie auf den Tod, den eigenen und den ihres Sohnes. Es ist der zweite Tiefpunkt in Hagars Schicksal als Fremde, Sklavin und

Frau. Was zuletzt geschah, berichtet das 21. Kapitel des 1. Buches Mose: Hagar, die Magd Saras, hatte Abraham einen Sohn geboren. Doch die Lage änderte sich, als die scheinbar unfruchtbare Sara den Isaak zur Welt gebracht hatte und einen Rivalen um das Erstgeburtsrecht nicht dulden konnte. Deshalb verlangte sie von Abraham, dass er seine Sklavin und Konkubine fortschicken solle. Obwohl Abraham den Sohn gerne behalten hätte, konnte er gegen die Übermacht seiner Frau nichts ausrichten. Hagar wurde daraufhin entlassen. Hagar wurde aus den Augen, aus dem Sinn einer ganzen Sippe entfernt, sie wurde unsichtbar gemacht.

Diese Situation ist Hagar bereits bekannt: Schon vor Ismaels Geburt gab es Konflikte mit ihrer Herrin Sara (1. Mose 16). Die kinderlose Sara gab ihre Leibmagd ihrem Mann ins Bett, um zu erreichen, dass das erzeugte Kind als ihr eigenes Kind gelten sollte. Sie wollte damit vermeiden, dass ihr Mann sich selbst eine zweite Frau suchte. Deren Kinder hätten dann nicht als ihre Kinder gegolten. Doch die «Hagar-Lösung» erwies sich als nicht weniger unproblematisch: Hagar war zwar von Sara zur Sexualität mit Abraham gezwungen und als Leihmutter missbraucht worden, doch als Konkubine des Hausherrn und als Mutter des künftigen Stammhalters fühlte sie sich jetzt ihrer unfruchtbaren Herrin gleichgestellt, mehr noch: Sie verachtete ihre Herrin und zeigte dies auch unverhohlen. Obwohl sich nun die Machtverhältnisse zugunsten Hagars verschoben hatten, blieb die direkte und offene Auseinandersetzung zwischen Sara und Hagar aus. Der Konflikt wurde stattdessen zwischen Sara und ihrem Mann ausgetragen. Sara trat vor Abraham und klagte: «Mir ist Unrecht geschehen, und du bist dafür verantwortlich!» Abraham sollte seiner Frau zu ihrem Recht verhelfen. Er sollte ein Machtwort zu Hagar sprechen, sie zurechtweisen und zu mehr Unterwürfigkeit gegenüber Sara anhalten. Abraham wich allerdings dieser unangenehmen, konfliktträchtigen Aufgabe aus. Er gab seine Konkubine an Sara zurück, die nun mit ihr machen konnte, was sie wollte. Hagar floh vor dem demütigenden Verhalten ihrer Herrin – und dem ihres Herrn – in die Wüste.

Gesehen werden und sehen

Die Ägypterin Hagar, als Sklavin und Leihmutter Saras erst gebraucht und dann verstossen, wird im Islam als Ahnfrau verehrt. Sie gilt in der christlichen Tradition seit dem Apostel Paulus als Repräsentantin des Judentums. Sie bleibt, von einer christlichen Perspektive aus gesehen, die Fremde, das Bedrohliche. Aus feministisch-befreiungstheologischer Sicht verkörpert Hagar allerdings die positive Identifikationsfigur der Unterdrückten. Sie gilt als die Widerständige, die sich ihr Schicksal nicht gefallen lässt und aus der ihr zugedachten Rolle flieht. Hagar ist die erste Frau in der Bibel, der ein Gottesbote, ein Engel, erscheint, und die einzige, die eine einzigartige Gotteserfahrung hat, woraufhin sie Gott mit Namen nennt: «Und sie nannte den Namen des Herrn, der zu ihr gesprochen hatte: ‹El Roi – du Gott, der mich sieht›, denn sie sagte: ‹Habe ich hier wirklich gesehen denjenigen, der sich nach mir umsieht?›» (Gen 16,13)

Ungehaltene Rede eines ungehaltenen Engels

«Mir reicht's, aber wirklich! Jetzt muss ich wieder einmal die ganze Schose ausbaden und schlichten. Was kann ich denn dafür, dass die Frauen unter dem Joch des Kinder-bekommen-Müssens stehen und sich ausschliesslich über ihre Männer und ihre Kinder definieren? Als ob das eine Leistung wäre, schwanger werden zu können, und nicht in erster Linie ein Geschenk, oder etwa nicht? Hier ist doch der Streit vorprogrammiert, und niemand hat was davon. Sollen die Frauen doch Leben gebären – und leben lassen. Aber nein, aber nein, es soll nicht sein. Dieser Patriarch von Gottes Gnaden, dieser Abraham ist – bei all seinen Verdiensten – in Tat und Wahrheit ein schwacher Erdensohn. Wie oft habe ich ihm zugeflüstert: ‹Sprich ein Machtwort, Abraham, stell dich hinter Hagar und deinen Sohn, sei einmal in deinem Leben ein Mann und halte den Zoff mit Sara aus!› Doch der stellte sich taub und fügte sich in alles. Ohne Witz: Abraham opferte seinen Sohn Ismael um des lieben Friedens willen, genauso wie Abraham – ich weiss ja, wie es kommen wird – seinen Sohn Isaak um des lieben Friedens mit Gott willen opfern würde. Opfer, Opfer, Opfer, meine Güte, ich kann das Wort schon nicht mehr hören! Und die Hagar ist auch nicht nur ein Engelchen. Ich sag euch das, obwohl sie mir persönlich sympathischer ist als Sara, allein schon deswegen, weil sie unabhängiger und selbständiger wirkt.
Natürlich, ihr habt ja recht. Hagar ist die arme Fremde, sie ist eine bedauernswerte, verstossene Frau. Und ich hör euch

schon mit moralinsaurer Stimme zur Solidarität mit Hagar, der unterdrückten Frau, aufrufen. Aber mal ehrlich: Hat Hagar nicht auch ihren Anteil daran? Hätte die sich nicht aufgeplustert, weil sie schwanger war, und ihrer Herrin Zunder gegeben, wäre alles nicht so weit gekommen. Weswegen konnte sie nicht einfach sagen: ‹Hör mal, Sara, wir sitzen beide im gleichen Boot, wir sind beide an den schwachen, aber reichen Abraham gebunden, machen wir das Beste daraus.› Aber nein, aber nein!

Jetzt muss ich wieder rumfliegen und Hagar retten: Befehl von oben! Da vorne seh ich die beiden schon sitzen. Weil Hagar so erschöpft ist, sieht sie nicht einmal die Wasserstelle, die sich gerade vor ihren Augen befindet. Ich muss ihr zuerst zeigen, wo die ist, und ihr dann verheissen, dass ihr Sohn Ismael viele Nachkommen haben wird. Mit einer Verheissung für ihre eigene Zukunft wäre sie besser bedient, wenn ihr mich fragt. Aber mich fragt ja niemand! Eine spezielle Frau ist sie ja schon, die Hagar. Mir hat sie bei meinem letzten Einsatz mächtig imponiert. Ihr habt richtig gehört. Ich bin schon zum zweiten Mal in einer Hagarmission unterwegs. Letztes Mal sollte ich die Quadratur des Kreises ausführen und die flüchtende Hagar zurückrufen. Dummerweise wurde mir zusätzlich zur Aufforderung, Hagar solle heimkommen und sich dort wieder von Sara unterdrücken lassen – ein Appell, der nicht gerade von revolutionärem Geiste sprühte –, eine Geburtsverheissung aufgetragen, wie ich sie sonst immer nur für die Erzväter reserviert habe. Eine ungeschickte Sache war das ja schon, der schwangeren Hagar zu sagen, dass sie gebären werde, als ob sie das nicht schon gewusst hätte! An diesen Ungereimtheiten hat sich Hagar zum Glück nicht gross aufgehalten. Sie hat stattdessen direkt mit meinem Auftraggeber gesprochen und ihn dingfest gemacht, indem sie seinen Namen genannt hat. Das war ein Name, der das bezeichnet, was Gott für sie ist: Gott ist der, der mich sieht. Wie sie darauf gekommen ist, so etwas Gewagtes zu tun – da die Israelitinnen und Israeliten den Namen Gottes nicht direkt aussprechen und ihm nie selbst einen Namen geben –, kann ich mir schwer erklären. Vielleicht aus dem Mut der Verzweifelten heraus. Wahrscheinlicher ist für mich, dass Hagar in sich einen Teil bewahrt hat, der noch nicht von der gesellschaftlichen und familiären Hackordnung verdorben war. Sie glaubte, dass Gott diesen unabhängigen, stolzen Teil ihres Lebens akzeptiert und beachtet. Daraus hat sie die

Kraft zum Neuanfang geschöpft. Wie dem auch sei: Mein Verheissungssprüchlein hat auf alle Fälle gewirkt, wie es schätzungsweise dieses Mal auch wieder wirken wird, obwohl mir selbst schon etwas Geistreicheres einfallen würde als: ‹Gott wird Ismael zu einem grossen Volke machen.› Aber mich fragt ja niemand...
So Hagar, kannst du mich überhaupt hören? Sieh hier nach rechts, nein, von dir aus nach links, da ist Wasser. Steh auf! Komm!»

Mich reizt das Konfliktpotential Hagars, ihr Widerstand gegen falsche «Verschwesterung» zwischen gesellschaftlich ungleich gestellten Frauen. Hagars Mut, den Tatsachen ins Auge zu blicken und keine falschen Kompromisse einzugehen, beeindruckt mich. Ich sehe aber auch die Macht der Verhältnisse und Sachzwänge, welche Hagar auf das traditionelle Frauenmuster «Frau von...», «Mutter von...» festlegen.

Literaturhinweise

Mieke Bal/Hemmes Fokkelien van Dijk/Grietje van Ginneken: Und Sara lachte... Patriarchat und Widerstand in biblischen Geschichten, Münster 1988
Karen Engelken: Frauen im Alten Israel. Eine begriffsgeschichtliche und sozialrechtliche Studie zur Stellung der Frau im Alten Testament, Stuttgart/Berlin/Köln 1990
Irmtraud Fischer: Gottesstreiterinnen. Biblische Erzählungen über die Anfänge Israels, Stuttgart/Berlin/Köln 1995
Hannelis Schulte: Dennoch gingen sie aufrecht. Frauengestalten im Alten Testament, Neukirchen-Vluyn 1995
Jo Ann Hackett: Rehabilitating Hagar. Fragments of an Epic Pattern, in: Peggy L. Day (Ed.): Gender and Difference in Ancient Israel, Minneapolis 1989, S. 12–27
Phyllis Trible: Mein Gott, warum hast du mich vergessen. Frauenschicksale im Alten Testament, Gütersloh 1987

Die Königin von Saba

Eine Frau geht auf Reisen

Von Käthy Ehrensperger

Die Königin von Saba hörte vom Ruf Salomos und kam, um ihn mit Rätselfragen auf die Probe zu stellen. Sie kam nach Jerusalem mit sehr grossem Gefolge, mit Kamelen, die Balsam, eine gewaltige Menge Gold und Edelsteine trugen, trat bei Salomo ein und redete mit ihm über alles, was sie sich vorgenommen hatte. Salomo gab ihr Antwort auf alle Fragen. Es gab nichts, was dem König verborgen war und was er ihr nicht hätte sagen können. Als nun die Königin von Saba die ganze Weisheit Salomos erkannte, als sie den Palast sah, den er gebaut hatte, die Speisen auf seiner Tafel, die Sitzplätze seiner Beamten, das Aufwarten der Diener und deren Gewänder, seine Getränke und sein Opfer, das er im Haus des Herrn darbrachte, da stockte ihr der Atem. Sie sagte zum König: Was ich in meinem Land über dich und deine Weisheit gehört habe, ist wirklich wahr. Ich wollte es nicht glauben, bis ich nun selbst gekommen bin und es mit eigenen Augen gesehen habe. Und wahrlich, nicht einmal die Hälfte hat man mir berichtet; deine Weisheit und deine Vorzüge übertreffen alles, was ich gehört habe. Glücklich sind deine Leute, glücklich diese deine Diener, die allezeit vor dir stehen und deine Weisheit hören. Gepriesen sei der Ewige, dein Gott, der an dir Gefallen fand und dich auf den Thron Israels setzte. Weil der Ewige Israel ewig liebt, hat er dich zum König bestellt, damit du Recht und Gerechtigkeit übst. Sie gab dem König hundertzwanzig Talente Gold, dazu eine sehr grosse Menge Balsam und Edelsteine. Niemals mehr kam so viel Balsam in das Land, wie die Königin von Saba dem König Salomo schenkte…

König Salomo gewährte der Königin von Saba alles, was sie wünschte und begehrte. Dazu beschenkte er sie reichlich, wie es nur der König Salomo vermochte. Schliesslich kehrte sie mit ihrem Gefolge in ihr Land zurück. (1. Könige 10,1–10.13 nach Einheitsübersetzung, nicht wörtlich.)

Fortbildungsreisende

Eins muss man ihr lassen: Reisefreudig ist sie, diese Frau! So braucht es denn auch nicht allzusehr zu verwundern, dass sich die «Basler» Königin von Saba (von Konrad Witz) auf Reisen

begeben hat. Einst residierte sie hier in der Leonhardskirche. In der Zwischenzeit ist sie aber Richtung Norden verreist. Um sie zu sehen, muss man sich von ihrer Reiselust anstecken lassen. Sie hält heute Hof in den ehemaligen Staatlichen Museen in Berlin-Dahlem. Reiselustig und neugierig ist sie, diese Königin. Sie macht sich auf eine Reise, die nach gewissen Legenden drei oder sieben Jahre gedauert haben soll, weil sie etwas wissen will. Sie will selbst in Erfahrung bringen, ob wahr ist, was sie gehört hat. Sie will das Wissen und die Weisheit eines Mannes kennenlernen, der in derselben Position ist wie sie. Darum unternimmt sie eine solche Reise. Intellektuelle Neugier also ist es, die sie so reiselustig macht!
Sie ist dem König Salomo auch durchaus ebenbürtig. Keinerlei Hemmungen scheint sie zu haben, als Frau diesem Mann gegenüberzutreten und ein intellektuelles Gespräch mit ihm zu führen. Sie muss etwas verstehen von der Sache, sonst könnte sie die Antworten Salomos nicht beurteilen. Über den Inhalt ihrer Gespräche wurde viel phantasiert. Möglich ist durchaus, dass auch die Kunst des Wahrnehmens von Verantwortung, die Kunst des Regierens ein Thema gewesen ist. Denn es galten beide als Regierende, die es verstanden, ihre Gaben zum Wohle ihres Volkes und für den Frieden einzusetzen. So erzählt eine jüdische Legende: «Salomo kannte alle Sprachen, auch die aller Tiere. Eines Tages befahl er allen Tieren, vor ihm zu erscheinen. Sie kamen alle, bis auf den Auerhahn. Den liess er holen und fragte ihn, warum er nicht erschienen sei. Seine Antwort war: ‹Ich esse meine Speise in Trauer und trinke mein Wasser mit Zittern. Denn ich bin über die Welt geflogen... Weit im Osten fand ich die Stadt Kitor im Königreich Saba, wo die Erde pures Gold ist und die Bäume wie die im Garten Eden sind. Dort tragen die Männer Girlanden und wissen nichts vom Kriegführen. Sie beten die Sonne an, und eine Frau herrscht über sie. Sie ist lieblicher als der Mond und weiser als die Sonne, und keine Frau gleicht ihr. Sie herrscht in Gerechtigkeit, und sie leben alle in Frieden. Aber leider verehren sie Götzenbilder. Wenn du, König, es wünschst, werde ich alle Vögel zusammenrufen. Dann fliegen wir nach Kitor, verwüsten das Land und bringen die götzendienerische Königin in Ketten zu dir.› Aber Salomo liess das nicht zu. Er sprach: ‹Wenn sie in Frieden leben, aber Götzen anbeten, dann wiegen ihre Tugenden schwerer als ihre Laster.›» (Zitiert nach Haag/Sölle, S. 199.)

Konrad Witz (um 1400–1444/46), Königin von Saba, ehemaliger Heilspiegelaltar St. Leonhard, heute in Berlin

Zwar wurde die Königin von Saba in der Folge vor allem wegen ihres sagenhaften Reichtums berühmt und bewundert. Es ist tatsächlich erstaunlich, was sie Salomo an Kostbarkeiten mitbringt. Vermutlich war der kleinste Teil davon als persönliche Geschenke gedacht. Es kann sein, dass dieser Staatsbesuch auf höchster Ebene auch einen wirtschaftspolitischen Zweck verfolgte. Warum sollte das in jenen Zeiten anders gewesen sein als heute? Umgekehrt wird sie auch von Salomo reich beschenkt. Eigentlicher Beweggrund für ihre Reise ist aber – so erzählt diese Geschichte – der Durst nach Wissen, die Lust an geistiger Auseinandersetzung. Das ist es, was sie will. Und sie tut, was sie will, sie holt sich, was sie sucht, mit einer wohltuenden Selbstverständlichkeit.

Diese geistige Auseinandersetzung, dieses intellektuelle Gespräch zwischen den beiden scheint auch keine trockene, langweilige Angelegenheit gewesen zu sein. Lustvolles klingt darin an, das erinnert an den Eros des Philosophierens, von dem Plato spricht. So ist es kaum ein Zufall, dass sich um die Begegnung der Königin von Saba mit Salomo Legenden bildeten, in denen die Erotik nicht nur auf der platonischen Ebene blieb. Es lassen sich Anhaltspunkte dafür auch in der Geschichte finden: «König Salomo gewährte der Königin von Saba alles, was sie wünschte und begehrte.» In der äthiopischen Kirche gibt es dazu eine reiche Tradition, und das äthiopische Kaiserhaus führte seinen Ursprung auf den Sohn der Königin von Saba und König Salomos, Menelik, zurück.

Was man auch immer aus der Geschichte der Königin von Saba hört, es lädt uns hier eine Frau auf Reisen ein, die sich wissens

durstig und selbstbewusst geholt hat, was sie suchte, und die Glück und Erfüllung gefunden hat.

Ich glaube an Gott, Quelle allen Lebens
Die in uns die Lust am Wissen und Verstehen gepflanzt hat
Die uns lockt zu Aufbrüchen und Unterwegssein
Wie die Königin von Saba
Und die unserem Suchen Finden verheissen hat

Literaturhinweis
Herbert Haag/Dorothee Sölle: Grosse Frauen der Bibel in Bild und Text, Freiburg/Basel/Wien 1993

Die krumme Frau

Eine Frau richtet sich auf

Von Agnes Leu

«Am Sabbat lehrte Jesus in einer Synagoge. Dort sass eine Frau, die seit achtzehn Jahren krank war, weil sie von einem Dämon geplagt wurde; ihr Rücken war verkrümmt, und sie konnte nicht mehr aufrecht gehen. Als Jesus sie sah, rief er sie zu sich und sagte: Frau, du bist von deinem Leiden erlöst. Und er legte ihr die Hände auf. Im gleichen Augenblick richtete sie sich auf und pries Gott.

Heilung einer Frau mit
verkrümmtem Rücken, Glasfenster
von Hans Stocker und Otto Steiger,
1927–30, Antoniuskirche

Der Synagogenvorsteher aber war empört darüber, dass Jesus am Sabbat heilte, und sagte zu den Leuten: Sechs Tage sind zum Arbeiten da. Kommt also an diesen Tagen und lasst euch heilen, nicht am Sabbat!
Der Herr erwiderte ihm: Ihr Heuchler! Bindet nicht jeder von euch am Sabbat seinen Ochsen oder Esel von der Krippe los und führt ihn zur Tränke? Diese Tochter Abrahams aber, die der Satan schon seit achtzehn Jahren gefesselt hielt, sollte am Sabbat nicht davon befreit werden dürfen?
Durch diese Worte wurden alle seine Gegner beschämt; das ganze Volk aber freute sich über all die grossen Taten, die er vollbrachte.» (Lukas 13,10–17; Übersetzung: Ingeborg Kruse.)

Frei bin ich – aufrecht und voll Würde

Die Geschichte von der Heilung der gekrümmten Frau ist eine der vielen Heilungsgeschichten, die im Neuen Testament erzählt werden. Das Besondere daran ist, dass Jesus die Frau sieht und von sich aus heilt, und dies an einem Sabbat. Diese Geschichte wurde für viele Frauen bedeutsam, weil sie an eigene Erfahrungen rührt. Es ist die Geschichte vieler Frauen, wenn ihr Leiden auch oft ein anderes ist als ein verbogener Rücken.
Den krummen Rücken, so sagt der Evangelist Lukas, hatte die Frau nicht von Geburt an. Sie hatte ihn auch nicht vom vielen Arbeiten, sondern von einem Geist, der sie krank machte. Welcher Art ist dieser Geist? Er wirkt sich vielleicht so aus, dass Menschen sich anpassen, im Hintergrund bleiben, sich bücken und den andern alles aus dem Weg räumen. Es ist der Geist der ungerechten Verhältnisse, wo Menschen andere beherrschen, wo einer den andern klein macht, krumm und krank.
Die Frau in unserer Geschichte wurde buchstäblich bedrückt, ja erdrückt. Ihre Haltung drückt ganz deutlich aus, dass sie Kummer hat. Der Geist machte sie achtzehn Jahre lang unfähig sich aufzurichten. Wir wissen nicht, was sie als junge Frau von ihrem Leben erträumt hat. Wahrscheinlich wurde sie früh verheiratet, gebar Kinder, tat, was man von ihr erwartete. Unter der Last ihres Lebens wurde sie krumm.
Das Leiden der gekrümmten Frau in der Lukasgeschichte ist heute erschreckenderweise immer noch Realität: Viele Frauen haben Verspannungen und Schmerzen im Nacken-Schulter-

Bereich, im Rücken und im Kreuz. Meistens beginnen diese, wenn Frauen zu Müttern werden. Die Belastungen nehmen zu. Frauen laden viel auf: Kinder, Familie, Beziehungen, Gelderwerb und – wenn's reicht – etwas Gymnastik und Kultur. Sie möchten am ganzen Leben teilhaben, ausgefüllt und erfüllt sein.
Wer das nicht schafft, wird bedrückt, niedergeschlagen, wird traurig und depressiv, unzufrieden oder aggressiv. Körperliches Unbehagen und Unwohlsein werden zu einem Dauerzustand. Seelische Schmerzen und Kümmernisse sind weniger direkt sichtbar. Es gibt viele Menschen, die sich innerlich nicht mehr aus eigener Kraft aufzurichten vermögen. Sie «lassen sich gehen», können «sich nicht mehr zusammenreissen», werden «untragbar».
Die Heilung der Frau wurde überliefert, ihr Name ging vergessen. Krumm sein, nicht aufrecht gehen können heisst, niemandem direkt in die Augen schauen können, übersehen werden und nicht ernst genommen werden. Die Leute meiden die krumme Frau, weil sie glauben, dass sie von einem ansteckenden Krankheitsdämon besessen ist. Sie sehen in ihr eine Hexe. Die Frau kann sich nur mühsam fortbewegen und leidet unter dem Ausgegrenztsein. Der Tag, an dem die gekrümmte Frau die Synagoge aufsucht, ist gerade Sabbat. Vielleicht hat sie all die Jahre hindurch die Hoffnung in sich getragen, eines Tages doch geheilt zu werden. Ihr Durst nach Leben ist gross. Dies hat Jesus bemerkt, als er sich ihr spontan und liebevoll zuwendet. Heute, am Sabbat, soll die gekrümmte Frau Heilung erfahren.
Wie eine Blume, die am Verdursten war und sich unter dem erlösenden Regen wieder aufrichtet, so erhebt sich ihr Kopf, so streckt sich der Rücken. Nun steht sie da, verwandelt, wie über sich hinausgewachsen, eine neue Frau. Mit lauter Stimme bekennt sie vielleicht so:
«Meine Seele ist entronnen wie ein Vogel dem Netz des Vogelfängers: Das Netz ist zerrissen, und ich bin frei! Ich danke dir, mein Gott, von ganzem Herzen! Ich will dich loben mein Leben lang und meine Hände in deinem Namen aufheben. Du bist meine Errettung, und unter dem Schatten deiner Flügel frohlocke ich.» (Psalm 124)
Die Geschichte ist hier nicht zu Ende. Sie hat eine Fortsetzung. Der Synagogenvorsteher ärgert sich über die Heilung. Er drückt seinen Unwillen sofort aus und heisst die Leute, an den Werktagen zur Heilung zu kommen. Die Sabbatruhe soll nicht gestört

1929
Anna

werden. Die Begeisterung, die Jesus auslöst, will er unterdrücken. Es stört ihn, dass die geheilte Frau sich nicht zurückhält, sondern eigenmächtig ihre Stimme erhebt. Dem Synagogenvorsteher passt es nicht, dass Jesus so viel Wirbel verursacht. Die Emotionen, das starke Aufreten der geheilten Frau stören den gewohnten Gang. Heute ist nicht der Zeitpunkt dafür, es gibt andere Tage. Jesus hält seinen Kritikern ihre Hartherzigkeit vor: «Wenn das Vieh Durst hat, dann bekommt es zu trinken, auch am Sabbat. Hier ist eine Tochter Abrahams, achtzehn Jahre lang war sie gekrümmt. Heute ist gerade der richtige Tag, sie davon zu befreien. Habt ihr denn nicht gesehen, wie krumm und gebückt sie war? Oder hattet ihr euch etwa schon so an ihren Anblick gewöhnt, dass ihr gar nicht mehr gemerkt habt, wie schwer sie an ihrem Los zu tragen hatte? Wisst ihr denn überhaupt, ihr Vorsteher und Schriftgelehrten, ihr Mächtigen, wie einem Menschen zumute ist, der wie ein Haustier behandelt wird? Schlimmer noch, dem man nicht einmal das Lebensnotwendigste lässt, nämlich an der Quelle des Lebens zu trinken! Freut euch mit ihr, öffnet eure Herzen! Legt ihr nicht gleich wieder neue Fesseln an! Unterstützt sie. Lasst sie nicht allein. Macht ihr Mut, bestärkt sie in ihrem Aufrechtgehen. Schliesst sie nicht aus eurer Gemeinschaft aus!» Die Kritiker werden beschämt, das Volk freut sich. Die Frau erhält an diesem Tag ihre Würde zurück.

Einladung zu einer Übung

Beugen Sie sich nach vorn, ziehen Sie die Schultern hoch, und lassen Sie den Kopf hängen. Gehen Sie in dieser krummen Haltung einige Minuten im Raum umher, und versuchen Sie, geradeaus zu schauen. Wenn Sie Verspannungen spüren, lenken Sie ihren Atem dorthin. Wenn Sie von diesem Experiment genug haben, lassen Sie sich beim Aufrichten helfen. Bleiben Sie einen Moment aufrecht stehen, und achten Sie auf Ihre Wahrnehmungen und Gedanken. Nehmen Sie den Zuspruch entgegen: «Du bist geliebt und du bist ganz.» Atmen Sie frei durch, und schreiten Sie nun aufrecht und offen durch den Raum.

Jesus löste die Fesseln der gekrümmten Frau
und gab ihr ihre Würde zurück.
Keine Macht soll sie mehr beugen.
Ich glaube an die Grösse dieser namenlosen Frau,
die nicht aufhört, nach der Quelle des Lebens zu verlangen.

Literaturhinweise

Ingeborg Kruse: Mädchen wach auf. Frauengeschichten aus dem Neuen Testament, Stuttgart 1989, S. 53–64

Käthi La Roche: Die Frau mit dem verkrümmten Rücken, in: Neue Wege 79 (1985), S. 181–183

Elisabeth Moltmann-Wendel: Die Geschichte von der gekrümmten Frau, in: Neue Wege 77 (1983), S. 181–183

Eva Renate Schmidt u.a. (Hg.): Feministisch gelesen. 32 ausgewählte Bibeltexte für Gruppen, Gemeinden und Gottesdienste, Bd. 1, Stuttgart 1988, S. 210–216

Roselies Taube et al.: Frauen in Bibel und Kirche. Ökumenische Gottesdienstmodelle, Würzburg 1993, S. 54–61

Johanna mit Maria von Magdala und Maria, der Mutter von Jakobus, Peter-Rot-Altar (Flügel aussen), vor 1487, Barfüsserkirche/Historisches Museum Basel

Rundgang 5

Säkularisiert in der Kirche

Hanna

Johanna

Marta

Hanna (a)

Johanna (b)

Marta (b)

alle im Historischen Museum Basel,
ehemalige Barfüsserkirche

11

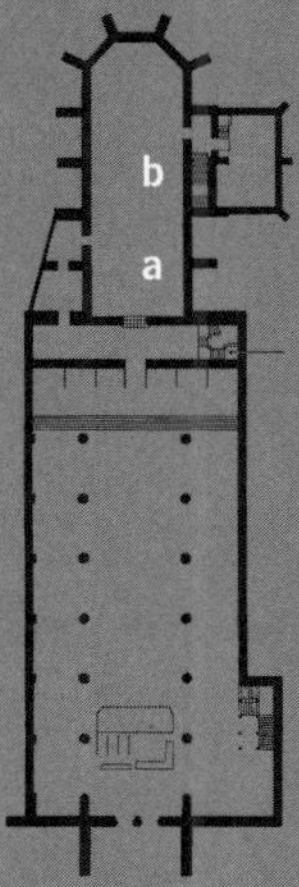

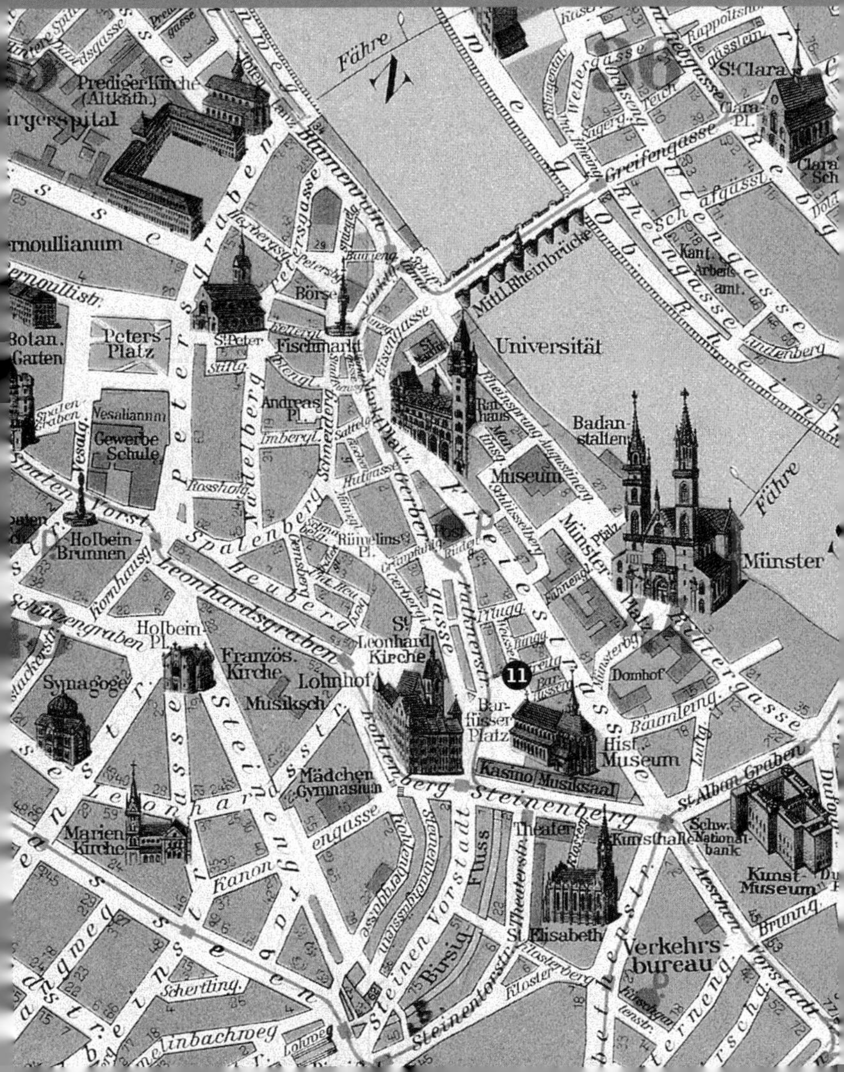

Hanna

Die Prophetin

Von Li Hangartner

«Als acht Tage vorüber waren und das Kind beschnitten werden sollte, gab man ihm den Namen Jesus. Dann kam für Maria der Tag der vom Gesetz des Mose vorgeschriebenen Reinigung. Sie brachten das Kind nach Jerusalem hinauf, um es dem Herrn zu weihen. Auch wollten sie ihr Opfer darbringen, wie es das Gesetz des Herrn vorschreibt.
In Jerusalem lebte damals ein Mann namens Simeon. Jetzt wurde er vom Geist in den Tempel geführt, und als die Eltern Jesus hereinbrachten, nahm Simeon das Kind in seine Arme und pries Gott mit den Worten: Nun lässt du, Herr, deinen Knecht, wie du gesagt hast, in Frieden scheiden. Denn meine Augen haben das Heil gesehen, das du vor allen Völkern bereitet hast, ein Licht, das die Heiden erleuchtet, und Herrlichkeit für dein Volk Israel.

Hanna mit Kerze und Opfertauben, Darbringung im Tempel (Ausschnitt), Wirkteppich/Füraltartuch, um 1480, aus dem Kloster Klingental, heute im Historischen Museum Basel

Damals lebte auch eine Prophetin namens Hanna, eine Tochter Penuels, aus dem Stamm Ascher. Sie war schon hochbetagt. Als junges Mädchen hatte sie geheiratet und sieben Jahre mit ihrem Mann gelebt; nun war sie eine Witwe von vierundachtzig Jahren. Sie hielt sich ständig im Tempel auf und diente Gott Tag und Nacht mit Fasten und Beten. In diesem Augenblick nun trat sie hinzu, pries Gott und sprach über das Kind zu allen, die auf die Erlösung Jerusalems warteten.» (Nach Lk 2,21a; 22; 24; 25; 27–29; 36–38.)

Frau in lichtem Gelb

Das Fest der Darbringung Jesu im Tempel wird im christlichen Jahreskreis an Lichtmess, am 2. Februar, gefeiert, das gemäss der Regel, dass Frauen vierzig Tage nach einer Geburt «gereinigt» werden mussten, als Fest der Reinigung Mariä gilt. Lichtmess ist ursprünglich kein christliches Fest. Für die Römerinnen und Römer war es der Tag, an dem Juno Februata als jungfräuliche Mutter des Mars gefeiert wurde, und bei den Keltinnen und Kelten eröffnet ein Fest zu Ehren der Göttin Brigid den Zyklus der vier Mondfeste im Jahreskreis.

Bis zur Auflösung durch die Reformation hatte das Dominikanerinnenkloster Klingental in Basel das Vorrecht, dieses Fest zu feiern. Wir finden einen Hinweis dazu auf dem Siegel der Äbtissin, das von ca. 1293 bis vor 1460 das Bild der «Darbringung im Tempel» trug – allerdings ohne Hanna: nur Maria, Simeon und das Jesuskind sind darauf abgebildet. Einen weiteren Hinweis liefert der vorliegende Bildteppich, der im rechten Blickfeld zu Füssen der Dominikanerheiligen ganz klein die Hauptstifterin Gerd Schönkind im Habit darstellt und links davon die Darbringung Jesu im Tempel. Dieses Antependium stammt deshalb vermutlich aus dem Kloster Klingental.

Liebe Hanna,

die Dominikanerinnen im Basel des 15. Jahrhunderts, aufmüpfige, widerständige und phantasievolle Frauen, die sich erfolgreich gegen die päpstlichen Reformversuche gewehrt hatten, hielten die Erinnerung an Dich wach: Sie nahmen auf dem eigens für sie genähten Altartuch die Szene der Darbringung

Jesu im Tempel auf. Diese Szene ist auf dem dreiteiligen Bildteppich in der Mitte dargestellt, links vom auferstandenen Christus. Du stehst, eingehüllt in einen gelben Mantel und mit weissem Kopfputz, halb verdeckt hinter Maria, die ihr Kind dem bärtigen Simeon entgegenhält. In einer kunsthistorischen Betrachtung dieses Altartuches bist Du als Dienerin gesehen worden, die Kerze und Opfertauben herbeibringt. Das ist nicht verwunderlich, ist doch in den meisten Kommentaren bis heute Deiner Rolle als Prophetin und Deiner Verkündigung keine Aufmerksamkeit geschenkt worden.

Die Notizen über Dich im Lukasevangelium sind sehr knapp, Lukas hat es nicht einmal für nötig gefunden, Deine Worte zu überliefern, und die zahlreichen biblischen Kommentare setzen dieses Verschweigen fort. Erst in letzter Zeit ist das Interesse an Dir, vor allem unter uns jüngeren Frauen, wieder gewachsen. Wir wischen den Staub ab, der sich im Laufe der Jahrhunderte auf Deinem Mantel abgelagert hat, und entdecken dabei, dass Du weit mehr bist als nur ein demütiges Vorbild für die Frommen. Der Titel einer Prophetin stellt Dich in eine bedeutende Tradition des Ersten und Zweiten Testaments, von Menschen also, die ihren Glauben und ihre prophetischen Fähigkeiten mit politischem Widerstand verbanden. Zusammen mit Hulda, Mirjam, Debora, Judit, Ester, Elisabet, Maria und vielen anderen Frauen hast Du einen Gott gepriesen, der auf der Seite der Schwachen steht und die Rechte der Armen und Unterdrückten verteidigt. Mit Deinem Leben im Tempel, durch Fasten und Beten, und mit Deinen Worten hast Du es verstanden, den unterdrückten und leidenden Menschen Mut zu machen und sie in ihrer Hoffnung auf Befreiung von den ungerechten Herrschern des jüdischen Volkes und von der römischen Besatzungsmacht zu stärken. Deine Rede ist nicht so wortlos, wie sie uns Lukas überliefert hat.

Auf dem Bildteppich scheinst Du kaum älter als Maria zu sein. Aus der Bibel jedoch wissen wir, dass Du hochbetagt bist. Für mich ist das Bild einer alten Frau, die den Messias verkündet, ein besonderes Zeichen für den Anbruch einer neuen Heilszeit. Ich sehe Dich in einer langen Ahninnenreihe von weisen Frauen, die als Ratgeberinnen hochgeachtet wurden. Mir kommen dabei die Frauen des Mailänder Frauenbuchladens in den Sinn und ihre Strategie des «affidamento». Sie bezeichnen damit das gegenseitige Vertrauen zwischen einer alten und einer jungen

Frau, zwischen derjenigen, die weiss, und derjenigen, die will. Ich kann mir gut vorstellen, dass Du mit Deinem Leben Maria, die junge Frau, inspiriert hast, dem Raum zu geben, was sich in ihr entfalten will. Vielleicht war es diese Beziehung zu Dir, zu Elisabet und anderen alten und jungen Frauen, die Maria das Magnifikat, den bekannten Lobgesang, singen liess. Vielleicht war dies Euer Widerstandslied, das Ihr miteinander gesungen und so einander weitervererbt habt im festen Glauben daran, dass der Tag kommen wird, an dem die Mächtigen vom Thron gestürzt werden.

Auf dem Bildteppich stehst Du unscheinbar im Hintergrund. Aber das Gelb Deines Kleides und das Weiss Deiner Kopfbedeckung sprechen eine andere Sprache: Im Gelb leuchtet die von Dir angekündigte Veränderung der Unrechtsverhältnisse, Weiss ist Symbol für den Weg der Erkenntnis, den Du gegangen bist und der Dich befreit hat, Deinen Auftrag als Handelnde in der Heilsgeschichte Gottes mit ihrem Volk zu finden und zu verwirklichen.

Wenn wir heute Frauenkirche sagen, meinen wir damit nicht nur die Verbundenheit von Frauen im ausgehenden 2. Jahrtausend. Frauenkirche umspannt alle Zeiten, Nationen und Kontinente und beruft sich auf Frauen wie Dich. Das gibt uns die Kraft, unser Engagement aufrechtzuerhalten in beständigem Widerstand gegen alle Formen von Unterdrückung und in Deine Verkündigung des Reiches Gottes einzustimmen.

Ich umarme Dich, Li

Hanna, Du hast die Befreiung von ungerechten Strukturen verkündet und bist für ein Leben eingetreten, in dem Gerechtigkeit und Frieden herrschen. Mit Dir glaube ich, dass das Reich Gottes sich da ereignet, wo Frauen und Männer in Deine Verkündigung einstimmen und ihren Auftrag als Handelnde in der Heilsgeschichte Gottes annehmen.

Literaturhinweise

Claudia Janssen: Elisabet und Hanna – zwei widerständige alte Frauen in neutestamentlicher Zeit. Eine sozialgeschichtliche Untersuchung, Mainz 1998, S. 159–200

François Maurer: Die Kunstdenkmäler des Kantons Basel-Stadt, Band IV, Basel 1961, S. 68–72

Libreria delle donne di Milano: Wie weibliche Freiheit entsteht. Eine neue politische Praxis, Berlin 1988.

Johanna

Die Macht der Auferstehung

Von Sabine Bieberstein

«Und es begab sich danach, dass er durch Städte und Dörfer zog und predigte und verkündigte das Evangelium vom Reich Gottes; und die Zwölf waren mit ihm, und einige Frauen, die er gesund gemacht hatte von bösen Geistern und Krankheiten, nämlich Maria, genannt Magdalena, von der sieben Dämonen ausgefahren waren, und Johanna, die Frau des Chuzas, eines Verwalters des Herodes, und Susanna und viele andere, die ihnen dienten mit ihrer Habe.» (Lk 8,1–3)

«Am ersten Tag der Woche sehr früh kamen sie zum Grab und trugen bei sich die wohlriechenden Öle, die sie bereitet hatten. Sie fanden aber den Stein weggewälzt von dem Grab und gingen hinein und fanden den Leib des Herrn Jesus nicht. Und als sie darüber ratlos waren, siehe, da traten zu ihnen zwei Männer in leuchtenden Gewändern. Sie aber erschraken und neigten ihr Angesicht zur Erde. Da sprachen die zu ihnen: ‹Was sucht ihr den Lebenden bei den Toten? Er ist nicht hier, er ist auferstanden. Erinnert euch an das, was er zu euch gesagt hat, als er noch in Galiläa war: Der Menschensohn muss ausgeliefert werden in die Hände der Sünder und gekreuzigt werden und am dritten Tag auferstehen.› Und sie erinnerten sich an seine Worte.
Und sie kehrten vom Grab zurück und verkündigten das alles den Elf und allen anderen. Es waren aber Maria von Magdala und Johanna und Maria, des Jakobus Mutter, und die anderen [Frauen] mit ihnen; die sagten dies den Aposteln. Und es erschienen ihnen diese Worte wie leeres Geschwätz, und sie glaubten ihnen nicht.» (Lk 24,1–11)

Johanna, eine Jüngerin Jesu

Es gilt genau hinzusehen, will man sie entdecken, die drei Frauen dort hinter dem Zaun, der den Bereich des Grabes Jesu von der umgebenden Landschaft trennt. Klein sind sie dargestellt, auf der rechten Flügelrückseite des Peter Rot-Altars, und halb verdeckt vom Zaun. Sie sind noch auf dem Weg zum Grab, mit ihren Salbengefässen in den Händen, um dem toten Freund eine letzte Ehre zu erweisen. Sie mögen ins Gespräch vertieft sein, so wie es der Blick der mittleren, rotgewandeten Frau verrät, der auf die Freundin gerichtet ist. Andererseits eilen ihre Gedanken mit den Blicken der beiden anderen schon voraus zu dem, was sie dort erwartet, am Grab.

Johanna, Peter Rot-Altar (Flügel aussen), vor 1487, Barfüsserkirche/Historisches Museum Basel

Drei Frauen auf dem Weg zum Grab. Sie sind wach, im Gegensatz zu den drei schlafenden Wächtern rund um das Grab. Und ihre Blicke sind klar, im Unterschied zum vierten Soldaten, der, aufgeschreckt aus dem Schlaf, geblendet die Hand vor die Augen hält. Sie sind gekommen, um ein Zeichen der Würdigung und des Respekts vor dem Toten zu setzen, gegen die römische Obrigkeit, die Hingerichteten solche Ehrerweisungen vorenthalten will. Sie wollen sich an den Toten erinnern, wiederum gegen eine Politik, die Leute wie Jesus dem Vergessen anheimgeben will, unter Verschluss halten unter schweren Grabplatten oder hinter einem Rollstein, wie es in den Evangelien heisst.

Wer sind sie, diese drei Frauen? Übereinstimmend erzählen die vier Evangelien des Neuen Testaments davon, dass es Frauen waren, die am Ostermorgen als erste zum Grab kamen und es leer vorfanden. Und während Johannes allein Maria von Magdala

Johanna mit Maria von Magdala und Maria, der Mutter von Jakobus, Peter Rot-Altar (geschlossen), vor 1487, Barfüsserkirche/Historisches Museum Basel

Gloria · in
excelsis deo

erwähnt (Joh 20,1–18), spricht Matthäus von zwei Frauen (Mt 28,1). Von drei Frauen erzählt Markus (Mk 16,1), und drei Namen nennt auch Lukas, und er stellt ihnen sogar noch weitere Frauen an die Seite, die er allerdings in der Anonymität belässt (Lk 24,10). Lukas nennt eine Frau mit Namen, die mein Interesse weckt: Johanna. Obwohl Lukas sie zweimal erwähnt, ist sie heute, im Unterschied zu Maria von Magdala, fast völlig vergessen. So müssen wir uns, wie so oft bei biblischen Frauen, auf Spurensuche begeben.

Nach der Darstellung des Lukas hat Johanna, als sie dort am leeren Grab steht, schon einen langen Weg hinter sich. Einen Weg, der von Galiläa nach Jerusalem führt, einen Weg auch, der aus einer Familie, oder zumindest aus einer Ehe, in die Nachfolge Jesu führt. Denn Johanna war nach Lk 8,3 die Frau eines gewissen Chuzas, der eine heute nicht mehr genau zu bestimmende Stellung im Dienste des Herodes innehatte. Meist wird auf eine recht hohe Stellung am Hof des Herodes geschlossen. Johanna wird daher in der Literatur oft zu einer vornehmen und wohlhabenden Dame, gar zu einer Hofdame gemacht.

Die Frau eines Herodesbeamten in der Nachfolge Jesu – das ist brisant. Denn Herodes gehört, nicht nur im Lukasevangelium, zur Gegnerseite Jesu. Wer die Jesusbewegung unterstützt, stellt sich damit auch gegen ihn. Es ist, als fange mit Johanna die «höfische» Ablehnungsfront gegen Jesus an zu bröckeln. Gleichzeitig ist ein erster Schritt getan, die christliche Religion «hoffähig» zu machen, was eines der grossen Anliegen des Lukas ist.

Ganz eindeutig ist diese hohe soziale Stellung der Johanna allerdings nicht. Aber sie gehört zu den Frauen, die nach Lk 8,1–3 alles verlassen haben, um Jesus zu folgen. Wie die Zwölf sind diese Frauen mit Jesus unterwegs. Einige, auch Johanna, sind nach der Überlieferung von Jesus geheilt worden, andere mögen sich aus anderen Gründen der Jesusbewegung angeschlossen haben. «Viele» der Frauen aber – und das wird nur über die Frauen gesagt – stellten das, was sie hatten, der ganzen Gruppe zur Verfügung, damit alle leben konnten.

Wenn das, was da ist, für alle reicht, und wenn alle das haben, was sie zum Leben brauchen, dann ist doch ein Stück von dem verwirklicht, wofür Frauen und Männer mit Jesus aufgebrochen sind. Das ist ein erster Schritt in Richtung Gerechtigkeit und Schuldenerlass und Befreiung und Aufatmen-Dürfen. Ein Schritt auf das hin, was Jesus «Reich Gottes» genannt hat.

Es waren die Frauen, und mit ihnen Johanna, die das alles beherzt in die Tat umgesetzt haben. Es waren auch die Frauen, die den Weg Jesu bis zum Ende mitgegangen sind und die unter dem Kreuz ausgeharrt haben (Lk 23,49) und den Weg zum Grab mitgegangen sind (Lk 23,55). Es waren dieselben Frauen, die schliesslich am Ostermorgen die Erfahrung machten, dass dieser Tod gar nicht das Ende war, sondern der Anfang von etwas Neuem, und dass das, was damals in Galiläa angefangen hatte, weitergehen konnte (Lk 24,1–11).
Aufgrund dieser Erfahrung kehrte Johanna mit den anderen Frauen zu ihren Gefährtinnen und Gefährten zurück. Aber war schon über ihren bisherigen Weg nur bruchstückhaft erzählt worden, so verliert sich ihre Gestalt von nun an völlig im Schweigen. Heute wird schliesslich die Geschichte derer, die die Botschaft von der Auferstehung für leeres Geschwätz (Lk 24,11) hielten, viel lauter erzählt als die Geschichte Johannas. Es ist an uns, diese Frau, die keine Geschichte gemacht hat, zu erinnern. Denn ohne sie wäre *unsere* Geschichte nicht möglich geworden.

Erinnerung, aus der sich die Hoffnung nährt

Johanna, eine Jüngerin Jesu. Eigenständig ist sie ihren Weg gegangen. Solidarisch hat sie das, was sie hatte und konnte, mit den anderen geteilt. Gefährlich war die Erinnerung, die sie in sich trug. Eine Erinnerung an ein Leben in Fülle für alle, bruchstückhaft erfahren mit Jesus und den Freundinnen und Freunden auf dem Weg. Eine Erinnerung, die zur Vision wurde, auf die hin sie wieder zu leben begannen, und das wird, glaube ich, Auferstehung genannt.

Ich will mich erinnern an Johanna, die unabhängige Frau, die eigenständig ihren Weg gegangen ist, ich will mich beflügeln lassen von der Kraft der Hoffnung, aus der sie lebte, und mit ihr glaube ich an die Macht der Auferstehung hier und heute.

Literaturhinweise

Sabine Bieberstein: Verschwiegene Jüngerinnen – vergessene Zeuginnen. Gebrochene Konzepte im Lukasevangelium, Freiburg Schweiz/Göttingen 1998
Claudia Janssen/Regine Lamb: Das Evangelium nach Lukas. Die Erniedrigten werden erhöht, in: Luise Schottroff/Marie-Theres Wacker: Kompendium feministische Bibelauslegung, Gütersloh 1998, S. 513–526
Elisabeth Moltmann-Wendel: Ein eigener Mensch werden. Frauen um Jesus, Gütersloh 1991[7], S. 134–148
Burkard von Roda: Der Peter Rot-Altar, Basel 1986, S. 6–15.
Luise Schottroff: Auf dem Weg zu einer feministischen Rekonstruktion der Geschichte des frühen Christentums, in: dies./Silvia Schroer/Marie-Theres Wacker: Feministische Exegese. Forschungserträge zur Bibel aus der Perspektive von Frauen, Darmstadt 1995, S. 175–248

Marta

Die sorgende Dienerin und mutige Drachenzähmerin

Von Ivana Bendik

Marta mit dem Drachen,
Peter Rot-Altar (linker Flügel innen),
Barfüsserkirche/Historisches
Museum Basel

Marta wird zusammen mit ihrer Schwester Maria im Lukas- und Johannesevangelium namentlich erwähnt. Während Johannes (Joh 11,1–45) die beiden Frauen als Schwestern des Lazarus, den Jesus von den Toten auferweckt hat, vorstellt, lässt Lukas sie in einem ganz anderen Zusammenhang auftreten: «Es begab sich aber, als sie weiterzogen, da ging er (Jesus) in ein Dorf; und eine Frau mit Namen Marta nahm ihn in ihr Haus auf. Und diese hatte eine Schwester namens Maria, die setzte sich zu den Füssen des Herrn und hörte seiner Rede zu. Marta dagegen machte sich viel zu schaffen mit der Bedienung. Sie trat aber hinzu und sagte: Herr, achtest du nicht darauf, dass meine Schwester die Bedienung mir allein überlassen hat? Sage ihr nun, dass sie mir helfen soll! Doch der Herr antwortete und sprach zu ihr: Marta, Marta, du machst dir Sorge und Unruhe um viele Dinge. Weniges aber ist not; Maria nämlich hat das gute Teil erwählt, und das soll nicht von ihr genommen werden.» (Lk 10,38–42). Marta wird als die Trägerin der traditionellen Frauenrolle dargestellt. Sie ist es, die den Tischdienst übernimmt, während ihre Schwester Maria sich zu den Füssen Jesu setzt und ihm zuhört. Maria steht in Spannung zur traditionellen Frauenrolle, denn sie begibt sich in die allein den Männern zugestandene Rolle der «Schülerin». Als Marta sich bei Jesus beklagt, wird sie indirekt auch zum Lernen aufgefordert. Dabei wird aber die von ihr verrichtete «Frauenarbeit» nicht abgewertet. Die Formulierung «das gute Teil» lässt eine Interpretation, die den Gegensatz der beiden Frauen hervorheben will, nicht zu. Diese Geschichte zeigt, dass die «neue» Rolle der christusgläubigen Frauen als Schülerinnen zur Zeit der Entstehung des Evangeliums (nach 70 n. Chr.) verteidigt werden musste.

Die Drachenzähmung

Als Heilige wird Marta sehr vielseitig verehrt. Meist jedoch wird sie nach der Geschichte bei Lukas als «eifrig sorgende Schaffnerin» zitiert. Sie ist die Patronin der Häuslichkeit, der Hausfrauen und Köchinnen, Dienstmägde, Wäscherinnen, Arbeiterinnen, Hospitalverwalter, Gastwirte, Maler, Bildhauer und Sterbenden. Marta steht für das tätige Leben im Gegensatz zu ihrer Schwester, der Heiligen Maria aus Bethanien, die das beschauliche Leben verkörpert. Ihr eigentliches Attribut aber –

Drache am Rocksaum von Marta oder Margaretha, Wandgemälde, um 1370, Westwand Barfüsserkirche

ein Drache – geht auf eine Legende zurück, die ihre Tatkraft in einem besonderen Licht zum Tragen bringt: Die drei Geschwister Marta, Maria und Lazarus werden bald nach Jesu Tod in ein steuerloses Schiff gesetzt und so aus dem Heiligen Land vertrieben. Durch ein Wunder landen sie in der Nähe des heutigen Marseille. Lazarus wird zum Verkünder der christlichen Lehre und der erste Bischof von Marseille. Maria zieht sich in die Grotte von Saint-Baume zurück und führt durch ihr bussfertiges Leben viele Menschen zu Christus. Marta macht sich zur Missionswanderschaft durchs fremde Land auf. In den nahen Rhone-Sümpfen beim Ort Air versetzte damals der menschenfressende Drache Tarascus die Bewohnerinnen und Bewohner in Angst und Schrecken. Sie bitten Marta um Hilfe, und diese geht mutig, nur mit einem Kessel geweihten Wasser bewaffnet, dem Drachen entgegen. Als das Untier sich auf sie stürzen will, begiesst sie es mit dem Weihwasser und hält ihm das Kreuz entgegen. Der Drache wird auf der Stelle zahm und lässt sich von Marta ihren Gürtel um den Hals binden und in die Stadt führen. Dort wird er von der Bevölkerung mit Speeren und Steinen erschlagen.

Zähmen und Spielen versus Töten und Verdrängen

Marta wird auf dem Peter Rot-Altar mit ihrem Attribut, dem gezähmten Drachen, dargestellt. Deshalb soll an dieser Stelle

Vermutlich Marta, Grablegung,
um 1350/1360, St. Peter

17

über die Legende nachgedacht werden. Sie ist besonders interessant, da der Drache von Marta nicht getötet, sondern gezähmt wird. Der Heilige Georg, der ebenfalls auf dem Peter Rot-Altar abgebildet ist (auf demselben Flügel wie Marta, unterste Reihe, rechts aussen), tötet den Drachen, der die Königstochter verspeisen will. In den meisten Religionen des Vorderen Orients steht der Drache für ein gottfeindliches Wesen. Der Sieg über den Drachen wird in Märchen und Mythen als ein Sieg über Chaos und Finsternis verstanden. Im Alten Testament steht der Drache Leviathan als Repräsentant der widergöttlichen Macht. In der Apokalypse des Johannes wird diese Linie fortgeführt; dort ist der Drache der Gegenspieler des Messias und

wird mit dem Satan selbst gleichgesetzt. Im Alten Testament versteht man unter dem Drachen die Chaosmacht, die den Kosmos der geschaffenen Welt bedroht. Diese Macht wird als eine Bedrohung des labilen Gleichgewichts der kosmischen Ordnung erfahren. Später wird die Figur des Drachens auf Weltmächte und Einzelpersonen übertragen, die das Gottesvolk bedrohen und so ein Leben in Gottes- und Nächstenliebe verhindern.
Die Legende ist möglicherweise im 10. oder 11. Jahrhundert entstanden. Trotzdem kann diese biblische Symbolik des Drachens sowohl für die Legende selbst als auch für uns heute eine Bedeutung haben. Das dualistische Denken, die Versuchung, die Welt in ein gutes und ein böses Prinzip zu spalten, hat sich bis in die heutige Zeit fortgesetzt. In Anlehnung an die Psychoanalyse kann folgende Interpretation der Legende gewagt werden: Der Drache steht für die nicht verarbeiteten und nicht integrierten Ängste. Sie werden aus der Realität abgespalten und auf die Figur des Drachens projiziert. Dieser erscheint als das eigentliche Übel, das zerstört werden muss, damit die ursprüngliche harmonische Ordnung wieder möglich wird. Marta entschliesst sich zur Zähmung; das bedeutet nichts anderes, als dass sie durch ihr Vertrauen diese Zerstörung nicht benötigt. Das Untier wird mit geweihtem Wasser besprengt, und das Kreuz wird ihm entgegengehalten. So findet es Einlass in die Welt der Heiligen und wird zahm wie ein Haustier. Die Integration ist für Marta gelungen. Das Volk hingegen hat sich zur Tötung entschlossen.
«Was» oder «wer» in der Legende oder im eigenen Leben gezähmt werden soll, bleibt als Deutung den Leserinnen und Lesern überlassen. Im Psalm 104 spielt kein geringerer als Gott mit dem domestizierten Drachen Leviathan: «O Herr, wie sind deiner Werke so viel! Du hast sie alle in Weisheit geschaffen, die Erde ist voll deiner Güter. Da ist das Meer, so gross und weit; darin wimmelt es ohne Zahl, kleine Tiere samt grossen. Da wandeln Ungeheuer, der Leviathan, den du gebildet hast, damit zu spielen. Sie alle warten auf dich, dass du ihnen Speise gebest zu seiner Zeit.»

Ich hoffe, dass ein Vertrauen in Gott möglich ist, selbst ein solches, wie Marta es hatte, die einen menschenfressenden Drachen in ein Haustier verwandelt hat.

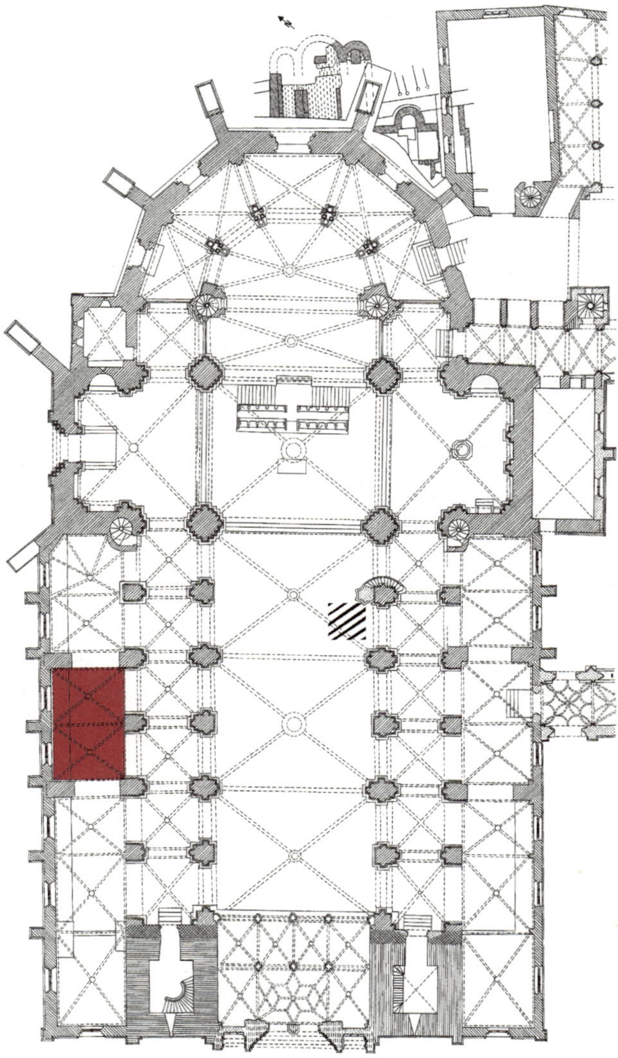

Mainzer- oder Martakapelle
Münstergrundriss

Literaturhinweise

Irina Bossart: ...und dienten wie die fürsorgliche Martha, in: «Do sammleten sich die wiber». Quergängerin V, hrsg. vom Verein Frauenstadtrundgang Basel, Basel 1997. S. 53–59

Janine Chasseguet-Smirgel: Das Ich-Ideal, Frankfurt 1987

Hiltgart L. Keller (Hrsg.): Reclams Lexikon der Heiligen und der biblischen Gestalten, Stuttgart 1968

Melanie Klein: Das Seelenleben des Kleinkindes, Stuttgart 1989[3]

Manfred Lurker: Wörterbuch biblischer Bilder und Symbole, München 1973

Erna und Hans Melchers: Das Grosse Buch der Heiligen, München 1991[12]

Luise Schottroff: Frauen in der Nachfolge Jesu in neutestamentlicher Zeit, in: Willy Schottroff/Wolfgang Stegemann (Hrsg.): Traditionen der Befreiung. Sozialgeschichtliche Bibelauslegungen, Bd. 2, Frauen in der Bibel, München 1980, S. 122–124

Elisabeth Schüssler Fiorenza et al.: Theological Criteria and Historical Reconstruction: Martha and Mary; Luke 10,38–42, Berkeley 1987

Ekkehard W. Stegemann/Wolfgang Stegemann: Urchristliche Sozialgeschichte, Stuttgart 1995, S. 307–346

Jakob Torsy (Hrsg.): Lexikon der deutschen Heiligen, Köln 1959

Heilige Sippe: Maria Alphäus, Anna Selbdritt, Maria Zebedäus mit einer Stifterin und zwei Stiftern, Altartafelrelief, um 1390, Münsterkrypta; 1529 beim Basler Bildersturm massiv beschädigt, heute im Klingentalmuseum

Rundgang 6

Verehrt im Museum

Batscheba

Ester

Die salbende Frau

Batscheba

Ester

Die salbende Frau

alle im Kunstmuseum

12

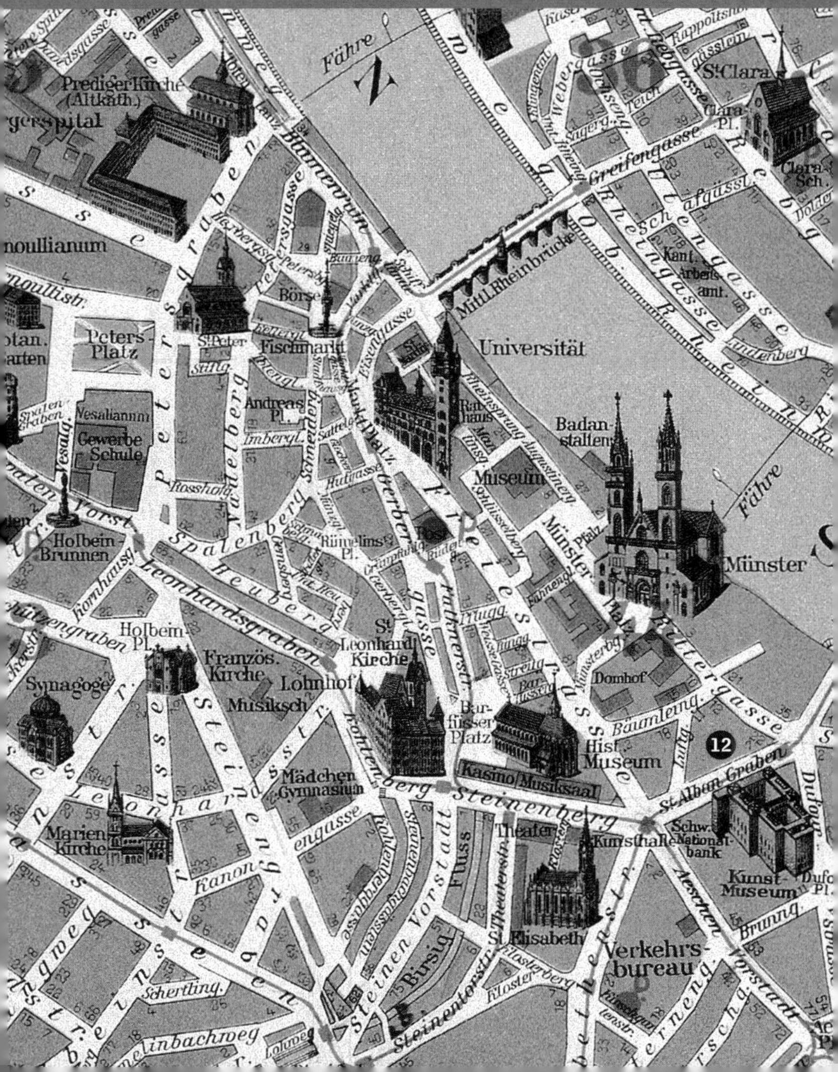

Batscheba

Eine Frau auf der politischen Bühne

Von Silvia Schroer

Die Geschichte von König Davids Ehebruch mit Batscheba und seiner Anstiftung zur Ermordung ihres Ehemanns (2. Sam 11) bildet einen äusserst kritischen Auftakt zur sogenannten Hofgeschichte Davids. Die wehrfähigen Israeliten, unter ihnen der Offizier Urija, sind in den langwierigen Belagerungskrieg gegen das ammonitische Rabba gezogen. Der König kann sich in Jerusalem anderen Dingen zuwenden.

Beim Abendspaziergang auf dem kühlen Dach seines Palastes, einer Stadtburg mit gutem Blick auf die tiefer liegenden Dächer, sieht David eine badende Frau, deren Schönheit sein Begehren weckt. Seine Erkundigungen bestätigen die Vermutung: «Ist das nicht Batscheba, die Tochter des Eliam, die Frau des Hetiters Urija?» Batscheba stammt demnach aus einer angesehenen Familie und ist mit einem ebenso angesehenen Jerusalemer kleinasiatischer Abstammung verheiratet. Trotzdem lässt David sie holen und schläft mit ihr. Bald lässt sie ihm ausrichten, sie sei schwanger. David versucht daraufhin zweimal, Urija die Vaterschaft zu unterschieben, indem er ihm Diensturlaub gewährt und ihn sogar betrunken macht, damit er mit Batscheba schläft. Aber der Plan scheitert. Die Zeit drängt. David sieht, wenn es nicht zu einem Skandal mit Folgen kommen soll, keine andere Möglichkeit, als die erforderliche Legalität seiner Beziehung zu Batscheba gewaltsam herzustellen, indem er ihren Mann skrupellos aus dem Weg schafft. Urija fällt im Krieg gegen Rabba. Was aussieht wie ein gewöhnlicher Schlachtentod, ist in Wirklichkeit kaltblütig geplanter Mord. Nach Ablauf der Trauerzeit nimmt David Batscheba zur Frau. Schon kurz nach der Geburt stirbt das Kind, denn «JHWH missfiel, was David getan hatte».

Blaming the victim

Während in der jüdischen Auslegung von 2. Sam 11, der Absicht des Textes entsprechend, immer die grosse Schuld Davids im Vordergrund stand, haben sich die christlichen Interpreten gern dem Verhalten Batschebas gewidmet. Hat sie nicht vielleicht David durch ihre Koketterie bewusst verführt? In der Zeit, aus der das Bild von Daniel Lindtmayer stammt, gab es bereits eine ganze Reihe von Gemälden mit dem Sujet «Batscheba beim Bade». Allen gemeinsam ist das grosse Interesse am nackten

Körper der schönen Frau, deren betonter Bauch schon vorausweist auf die Schwangerschaft. Das Ambiente wird meistens zum Ort der Verführung stilisiert. Häufig erscheint David, der königliche Voyeur, gar nicht im Bild, so dass der Bildbetrachter selbst zum Voyeur wird. Blaming the victim – das Opfer wird zur Täterin.

In der biblischen Geschichte ist die voyeuristische Perspektive auf die Frau, die sich bis in die modernen Hollywood-Bibelfilme gehalten hat, im Kern schon angelegt. Der Erzähler macht uns zu eingeweihten Mitbeobachtern und -beobachterinnen der Szene aus Davids Perspektive. Batscheba selbst ist in der ganzen Erzählung weitgehend das Objekt männlicher Begierde und der zwielichtigen Heiratsabsichten eines Königs, dem die Liaison mit der Tochter aus einer angesehenen Jerusalemer Familie politisch ungeheuer gelegen kam. Für ihre Gefühle und Motive interessiert sich die Geschichte nicht. Wollte sie mit David schlafen, oder war es Vergewaltigung? Welche Beziehung hatte sie zu ihrem Mann? Warum liess sie Urija nichts mitteilen? Dachte sie an den Prestigegewinn und die Macht, die ihr als Königin zukommen würden? Was bedeutete für sie der Tod des Mannes, der Tod des Kindes? All das bleibt offen. Die Erzählung weckt den Anschein einer Frau, die sich nicht ganz unfreiwillig in ein unausweichliches Schicksal fügt. Das ist erstaunlich, weil dieselbe Batscheba dann in 1. Kön 1–2 als politisch bedeutende Frau nochmals auftritt. Hier ist sie ein handelndes Subjekt, ihre Beweggründe, ihre Entscheidungen, ihre Taktik sind den Erzählern wichtig. Batscheba kämpft mit Erfolg dafür, dass ihr Sohn Salomo der rechtmässige Thronfolger Davids wird. So gelangt sie selbst zur höchsten in Israel erreichbaren Position einer Frau, dem Amt der Königinmutter, die als Ratgeberin ihres Sohnes auf die Regierungsgeschäfte Einfluss nehmen kann.

Mutig und selbständig unter ihresgleichen

Unter den Stammmüttern Jesu wird in Mt 1 neben Tamar, Rahab und Rut als vierte Batscheba erwähnt. Allerdings ist ihr Name verschwiegen, es heisst: «David zeugte mit der Frau des Urija den Salomo.» (Mt 1,6) Vielleicht stimmt das ganz wörtlich. Es ist historisch nicht unwahrscheinlich, dass das erste Kind gar nicht starb, wie es erzählt wird, sondern dass Salomo selbst dieses erste Kind war, also einem Ehebruch entstammte. Später muss-

Daniel Lindtmeyer,
Batscheba im Bade, 1578,
Öffentliche Kunstsammlung
Basel, Kupferstichkabinett

ten die Hoferzähler die anstössige Abstammung des grossen Königs wegretuschieren. Der Erzähler des Mattäusevangeliums bringt aber die nüchterne, sehr davidkritische Version. Vielleicht wollte er mit dem Hinweis auf die nicht stubenreine Familiengeschichte des grossen Königs Salomo die Verhältnisse, in denen Jesus zur Welt kam, in ein neues Licht stellen. Auch sie waren ja wenig ehrenvoll. Für Mattäus steht die Frau des Urija neben anderen Frauen, die in Gottes Geschichte mit Israel wichtig wurden. Diese Frauen ermöglichten überhaupt erst die Heilsgeschichte bis zur Menschwerdung Gottes in Jesus von Nazaret, weil sie mit unkonventionellen Mitteln dafür sorgten, dass das Leben weiterging. Die verwitwete Tamar schläft mit ihrem Schwiegervater Juda, damit Kinder das Weiterleben der Familie ermöglichen (Gen 38). Die unverheiratete kanaanäische Gastwirtin Rahab setzt ihre politische Weitsicht und ihre Beziehungen geschickt ein, um das Überleben ihrer Sippe zu sichern (Jos 2). Die verwitwete Moabiterin Rut kämpft zusammen mit ihrer Schwiegermutter Noomi um eine neue Lebensgrundlage in einem für sie fremden Land. Alle diese Frauen sind als alleinstehende Frauen gezeichnet, die ihr Schicksal ganz allein und in eigener Verantwortung in die Hand nehmen, um zu überleben. Das Risiko von Scham und Schande nehmen sie, wie auch Maria, Jesu Mutter, auf sich. Entschlossen setzen sie sich über Normen ihrer Gesellschaft hinweg. Batscheba, obwohl vom Evangelisten ihres Namens beraubt, wird zu diesen mutigen und selbständig handelnden Frauen gezählt; sie ist nicht nur ein Spielball göttlicher und männlicher Mächte.
Alle diese Frauen, Tamar, Rahab, Rut, Batscheba, Maria und sicher noch viele andere, hatten einen grossen Glauben. Die Schläge des Schicksals, Witwenschaft, Krieg, Hunger und Flucht, aber auch Demütigungen durch Männer und (ungewollte?) Schwangerschaften haben sie nicht daran gehindert, sich für das Leben ihrer Kinder, ihrer Familien einzusetzen. Sie glaubten daran, dass die Liebe stark ist wie der Tod (Hld 8,6).

Batscheba – die Erzähler haben von dir nicht erzählt, was wir wissen möchten, die Künstler haben dich zur Kurtisane gemacht. Die Frau auf diesem Bild bist nicht du, Batscheba, sondern eine Männerphantasie. Wir verlassen das Bild und stellen uns ein anderes vor: du, Batscheba, die erste grosse Königin von Israel und Juda, du, Patronin der Politikerinnen im Patriarchat, Patronin aller Frauen, die die schwere Verantwortung für sich und ihre Kinder in die eigene Hand nehmen, die sich den Faden des Lebens durch Widrigkeiten nicht entreissen lassen. Batscheba bist du, «Tochter der Fülle».

Ich glaube an die unbeirrte Lebenskraft der Batscheba, die sich nicht unterkiegen liess von den Machenschaften der Männer, sondern ihren Weg weiterging. Ich glaube an das Ende aller Lügenmärchen über schöne Frauen und an die Gerechtigkeit des Reichs Gottes für alle verleumdeten und entrechteten Frauen.

Literaturhinweise

J. Cheryl Exum: Plotted, Shot and Painted. Cultural Representations of Biblical Women, Sheffield 1996, S. 19–53

Siegfried Theiss: «Stier-Mann» und «Tochter der Fülle». Perspektiven zu David und Batseba, in: Gabriele Miller/Franz W. Niehl (Hrsg.): Von Batseba – und andere Geschichten. Biblische Texte spannend ausgelegt, München 1996, S. 75–89

Silvia Schroer: Die Samuelbücher, Stuttgart 1992

Ester

Eine Frau leistet Widerstand

Von Käthy Ehrensperger

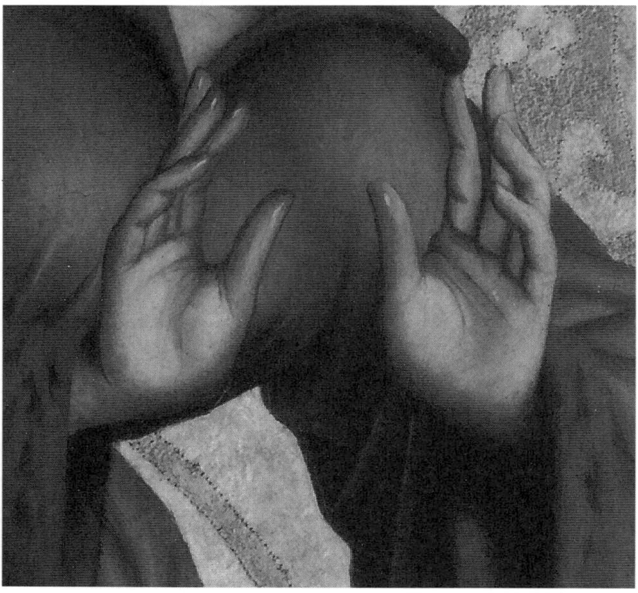

Ahasveros war der überaus reiche und überaus mächtige Herrscher des persischen Reiches. Bei einem prunkvollen Gelage wollte er seinen Gästen die Schönheit seiner Frau Vashti vorführen. Diese aber weigerte sich zu kommen und wurde daraufhin vom König im Zorn verstossen. Eine neue Königin musste gefunden werden, und so wurden im ganzen Reich schöne Jungfrauen gesucht. Diejenige, die dem König am besten gefiel, sollte Königin werden. Auch Ester wurde in den Frauenpalast geholt. Mordechai, ein jüdischer Ratgeber des Königs, hatte nach dem Tod ihrer Eltern für sie gesorgt, weil er ihr nächster Angehöriger war. Er hatte ihr den Rat gegeben, ihre jüdische Herkunft zu verschweigen. Ester gefiel dem König und wurde Königin.

Mordechai hörte kurze Zeit danach von einer gegen den König geplanten Verschwörung. Dies teilte Ester dem König mit, und die Verschwörung konnte aufgedeckt werden. Die ganze Begebenheit wurde in der königlichen Chronik unter Nennung von Mordechais Namen aufgeschrieben.

Haman, ein anderer Ratgeber des Königs, stieg zu hohen Würden auf und verlangte deshalb von allen Untertanen, dass sie sich vor ihm verneigen sollten. Mordechai weigerte sich, seine Knie zu beugen. Dies ärgerte Haman so sehr, dass er plante, alle Juden im Reich zu vernichten. Er erreichte die Zustimmung zu seinem Plan bei König Ahasveros. Als Mordechai und die jüdische Bevölkerung in den Provinzen davon erfuhren, wurden sie von Entsetzen ergriffen. Mordechai bat Ester, zum König zu gehen und für ihr Volk zu bitten. Ester zögerte. Ungerufen vor den König zu treten bedeutete, sich in Lebensgefahr zu begeben. Nach weiterem Drängen Mordechais erklärte sie sich bereit zu diesem riskanten Schritt, bat aber ihrerseits um die Solidarität ihres Volkes. So fasteten Ester und ihr Volk während drei Tagen, bevor sie zum König ging. Der König freute sich, Ester zu sehen, und war gerne bereit, zusammen mit Haman ihrer Einladung zu einem Festmahl im Frauenpalast zu folgen. Ester bat den König nach diesem ersten Mahl, am nächsten Tag noch einmal zusammen mit Haman zum Essen zu kommen. Durch Zufall erfuhr der König in der darauffolgenden Nacht, dass Mordechai sich bei der Aufdeckung einer Verschwörung gegen ihn grosse Verdienste erworben hatte. Er befahl Haman am kommenden Morgen, Mordechai zu ehren, was dieser mit Zähneknirschen tat. Beim zweiten Festmahl dann bat Ester um ihr Leben und dasjenige ihres Volkes und erzählte Ahasveros, wer hinter dem Vernichtungsplan stand. Haman versuchte zwar noch durch Bitten an die Königin, sein Leben zu retten, was aber die Wut des Königs nur noch erhöhte. Er wurde hingerichtet. Und da ein königlicher Befehl nicht rückgängig gemacht werden konnte, wurde der jüdischen Bevölkerung erlaubt, sich am Tag der geplanten Vernichtung gegen ihre Angreifer zu wehren. Zur Erinnerung an diese Rettung wurde von Ester und Mordechai angeordnet, jedes Jahr das Purim-Fest zu feiern.

Gelitten, umstritten, verehrt

Es gibt Bücher in der Bibel, über die lange Debatten geführt wurden, ob sie überhaupt ins Buch der Bücher hineingehören. Das Buch Ester ist eines davon. Es ist eine historische Novelle, die von Ereignissen und Intrigen am Hof des persischen Grosskönigs erzählt. Ihre Entstehungszeit ist umstritten. Die Vermutungen schwanken zwischen Mitte oder Ende der Perserzeit (5.–4. Jh. v. Chr.) und der Zeit, als Judäa als Folge der Eroberungen Alexanders des Grossen von griechischen Herrschern und griechischer Kultur dominiert war (3.–2. Jh. v. Chr.). Auf alle Fälle wird eine Situation vorausgesetzt, in der das jüdische Volk darum ringen musste, seine eigene Identität unter fremder

Konrad Witz, Ester vor Ahasveros,
um 1435, Öffentliche Kunstsammlung
Basel, Kunstmuseum

Besatzung zu bewahren. Vor diesem historischen Hintergrund ist diese Geschichte von Bedrohung und Rettung, die Geschichte der Königin Ester, entstanden.

Kein einziges Mal wird der Name Gottes darin erwähnt, und auch sonst ist es eine bemerkenswert unreligiöse Geschichte. Dies ist denn auch der Grund, weshalb sowohl im Judentum als auch im Christentum lange Zeit umstritten war, ob die Geschichte Esters überhaupt Teil der Bibel sein soll. Zwar hat bereits der jüdische Historiker Flavius Josephus das Buch Ester als kanonisch, d.h. als Teil der jüdischen Heiligen Schriften erachtet, aber dessen Platz in der jüdischen Bibel, im Tanach, war bis ins 3. Jahrhundert hinein umstritten. Auch von christlicher Seite wurde das Büchlein erst im 8. Jahrhundert mehrheitlich als kanonisch, d.h. als Teil der christlichen Bibel akzeptiert. Noch Martin Luther, der Reformator, hatte Mühe mit dieser Geschichte, sagte er doch in einer seiner Tischreden : «Ich bin dem Buch und Esther so feind, dass ich wollte, sie wären gar nicht vorhanden, denn sie judenzen zu sehr und haben viel heidnische Unart.» Diese Schwierigkeiten mit Ester sind in den Kirchen nicht zu Ende. Als zu wenig oder gar nicht religiös wird ihre Geschichte von Auslegerinnen und Auslegern erachtet, als zu jüdisch und nationalistisch und/oder als zu sexistisch.

Ganz anders in der jüdischen Tradition. In ihr ist die Schriftrolle «Ester» (die Megillat Ester) die Ursprungsgeschichte des Purim-Festes. Ester wird dort auch als eine der sieben Prophetinnen geschätzt neben Sara, Mirjam, Debora, Hanna, Abigail und Hulda, und eine reiche Auslegungs- und Kunsttradition ist um sie herum entstanden. Der älteste bekannte Bilderzyklus (3. Jh. n. Chr.) ist in der Synagoge von Dura-Europos in Syrien zu finden. In unserem Jahrhundert haben u.a. Marc Chagall und der in Zürich lebende israelische Künstler Dan Rubinstein Bilderzyklen zu Ester geschaffen.

Das vorliegende Bild, das die Begegnung Esters mit Ahasveros zeigt, stammt vom Maler Konrad Witz und gehörte ursprünglich zum Basler Heilspiegelaltar, der vermutlich in der Leonhardskirche stand.

In der christlichen Tradition hatten die Künstler offensichtlich weniger Mühe mit Ester als die Theologen. In Malerei, Literatur und Musik wurden Motive der Geschichte Esters in vielfältiger Art aufgenommen.

Widerstand für das Leben

Mut hat sie gebraucht, diese Frau. Um den Schritt zu tun über die Schwelle der Bedrohung, über die Schwelle der Angst. Mut hat sie gebraucht, um im Angesicht von übermächtiger Macht und Gewalt aufzustehen und einzustehen für sich und ihr Leben und dasjenige der Menschen, mit denen sie verbunden war. Bedroht waren sie. Weil sie das Recht beanspruchten, anders zu sein. Weil sie das Recht beanspruchten, sich selbst zu sein, zu leben nach ihren eigenen Vorstellungen, nach ihrem eigenem Glauben, in Verbundenheit mit dem Gott Abrahams und Saras, Isaaks und Rebekkas, Jakobs und Leas und Rahels, mit dem Gott Moses und Mirjams. Bedroht waren sie, weil sie sich weigerten, sich dem Diktat der Macht, dem Diktat der Gleichförmigkeit zu unterwerfen. Dies ist der Konflikt, der in der Auseinandersetzung zwischen Mordechai und Haman dargestellt wird. Macht, die Absolutheit beansprucht, kann das Anderssein anderer nicht ertragen. Nicht nur in dieser Geschichte wird deshalb die Vernichtung derer geplant, die anders sind. Durch die Geschichte des christlichen Abendlandes zieht sich diesbezüglich eine äusserst düstere Spur. Es waren neben den Anders- und Falschgläubigen vor allem die Juden und die Frauen, gegen die Vernichtungsfeldzüge geplant und durchgeführt wurden.

Was es heisst, Frau zu sein und als Frau zu leben, wurde und wird zum Teil bis heute bestimmt von den Bildern und Vorstellungen, die Männer sich machen. In diesen Bildern und Vorstellungen kamen und kommen die Gefühle und Wahrnehmungen der Frauen häufig gar nicht oder nur äusserst verzerrt vor. Diese Fremdbilder sind auch eine Form von Vernichtung. Sie können eigene, selbstbestimmte Identität verunmöglichen. Die Suche nach selbstbestimmtem Leben bedeutet unter solchen Umständen Auseinandersetzung mit allen Kräften, die hinderlich sein können.

Ester wagt es, Widerstand zu leisten. Ester wagt es, aufzustehen für das Recht, anders zu sein, für das Recht zu leben nach eigenen Vorstellungen, selbstbestimmt. Nicht ohne Zögern, nicht ohne Zweifel, nicht ohne Angst wagt sie den Schritt. Und auch nicht in einsamem Heldenmut. Sie bittet um gemeinsames Fasten und damit um die Solidarität derer, mit denen sie verbunden ist, für deren Leben sie auch aufsteht. Getragen von dieser Solidarität, kann sie ihn tun, den Schritt über die Schwelle der Bedrohung, über die Schwelle der Angst. Getragen und gestärkt von dieser Solidarität, kann sie der Macht, dem König ins Auge blicken. Mit ihrer Schönheit, ihrer Klugheit und ihrem Mut bewirkt sie, was sie bewirken will. Ihr Leben gewinnt sie und dasjenige ihres Volkes. Ihr Leben und das Recht, anders zu sein, sie selbst. Sie setzt ein, was ihr gegeben ist, um

Leben zu gewinnen. Daran ist, so hören wir in der Geschichte von Ester, nichts Verkehrtes, auch wenn es sich um die Schönheit, die Klugheit und den Mut einer Frau handelt. Diese sind Gaben Gottes. Wo Leben bedroht ist, sind wir gerufen, aufzustehen für das Leben mit allen Gaben und Möglichkeiten, die uns gegeben sind.

Ich glaube an Gott, Quelle allen Lebens
Die uns begabt hat mit Schönheit, Klugheit und Mut
Wie Ester unsere Schwester
Die unser Leben in Vielfalt und Verschiedenheit will
Die uns ermuntert auch zu kämpferischem Widerstand
Wo immer Leben bedroht wird.

Literaturhinweise

Herbert Haag/Dorothee Sölle: Grosse Frauen der Bibel in Bild und Text, Freiburg 1993
Karl Jaros: Esther, Geschichte und Legende, Mainz 1996
Dan Rubinstein: Megillat Esther, in: ders.: Graphik, Weingarten 1985, S. 114–140
Shemaryahu Talmon: Weisheit im Buch Esther, in: ders.: Israels Gedankenwelt in der Hebräischen Bibel, Neukirchen-Vluyn 1995, S. 177–217.
Sidnie Ann White: Esther: A Feminine Model for Jewish Diaspora, in:
Peggy L. Day (ed.): Gender and Difference in Ancient Israel, Minneapolis 1989

Die salbende Frau

Was Prostitution mit Gott zu tun hat

Von Franziska Edelmann

Jesus ging in das Haus eines Pharisäers, der ihn zum Essen eingeladen hatte, und setzte sich zu Tisch. Als nun eine Sünderin, die in der Stadt lebte, erfuhr, dass er im Haus des Pharisäers bei Tisch war, kam sie mit einem Alabastergefäss voll wohlriechendem Öl und trat von hinten an ihn heran. Dabei weinte sie, und ihre Tränen fielen auf seine Füsse. Sie trocknete seine Füsse mit ihrem Haar, küsste sie und salbte sie mit dem Öl.
Auf die vorwurfsvollen Gedanken des Pharisäers sagte Jesus zu Simon: Siehst du diese Frau? Als ich in dein Haus kam, hast du mir kein Wasser zum Waschen der Füsse gegeben; sie aber hat ihre Tränen über meinen Füssen vergossen und sie mit ihrem Haar abgetrocknet. Du hast mir keinen Kuss gegeben; sie aber hat mir, seit ich hier bin, unaufhörlich die Füsse geküsst. Du hast mir nicht das Haar mit Öl gesalbt; sie aber hat mir mit ihrem wohlriechenden Öl die Füsse gesalbt. Deshalb sage ich dir: Ihr sind viele Sünden vergeben, denn sie hat viel geliebt. Wem aber nur wenig vergeben wird, zeigt auch nur wenig Liebe.
Zu der Frau sagte er: Deine Sünden sind dir vergeben.
Und: Dein Glaube hat dir geholfen. Geh in Frieden. (Lk 7,36–50; gekürzt.)

Verwechslung mit Folgen

Davon, dass Jesus von einer Frau gesalbt wird, berichtet die Bibel in allen vier Evangelien (Mt 26,6–13; Mk 14,3–9; Lk 7,36–50; Joh 12,1–8). Es handelt sich dabei um mindestens zwei verschiedene Ereignisse: einmal um die in obigem Text zitierte Fusssalbung, zum anderen um die Salbung des Hauptes Jesu kurz vor der Passion. In der Tradition sind die verschiedenen Berichte schon früh verschmolzen. Da im Lukasevangelium unmittelbar nach der Salbungsgeschichte die Aufzählung der JüngerInnen Jesu folgt, wurde die darin genannte Maria von Magdala kurzerhand mit der namenlosen Sünderin identifiziert. Maria von Magdala wurde in der Folge zur professionellen Jesus-Salberin erkoren.
In Bezug auf die lukanische Fusssalbung war diese Verwechslung auf zwei Seiten hin äusserst wirkungsvoll. Einerseits wurde Maria von Magdala zur ehemaligen Prostituierten. Es ergab sich dadurch die Gelegenheit, der in der christlichen Tradition an den Rand gedrängten Erotik hier – wenn auch ex negativo – einen legitimen Ort zu verschaffen. Das Bild der

Verzückung der Maria von Magdala,
obere Hälfte des Bildes
«Christus im Hause des Simon»
von Sigmund Holbein
▼

Maria von Magdala wurde – neben Eva – als Antityp zur «Maria immaculata» kultiviert. Wegen der falschen Zuschreibung der Salbungsaktion konnte es dazu kommen, dass sie, die «apostola apostolorum», herhalten musste als Schutzpatronin der Parfümfabrikanten, Salbenmischer und Friseure sowie der Hersteller von Modeaccessoires wie Kämmen, Nécessaires und Handschuhen.

Andererseits erlaubte die Identifikation der Maria von Magdala mit der Sünderin, die weibliche Sexualität gezielt im Zaume zu halten. Denn schliesslich hatte Maria von Magdala ihr unmoralisches Verhalten eingesehen, hatte Tränen der Reue gezeigt, Busse getan und war zur Jesusnachfolgerin geworden. Die Vorstellung, dass der Weg zur Besserung für Prostituierte über Reue, Busse und Umkehr führe, prägt bis in unsere Zeit die christliche Tradition des Umgangs mit Prostituierten. Folgerichtig wurde Maria von Magdala auch zur Patronin kirchlicher Einrichtungen «zur Rettung und Erziehung gefallener Frauen und Mädchen». Im 19. Jahrhundert entstanden im protestantischen Raum die sogenannten Magdalenenasyle. Im 13. Jahrhundert nannten sich solche Institutionen Magdalenen- oder Reuerinnenklöster. Auch in Basel gab es einmal ein solches Kloster: Auf dem Areal des heutigen Stadttheaters stand vormals das Kloster «Sancta Maria Magdalena an den Steinen». Auch das Bild von Sigmund Holbein, dem jüngeren Bruder von

Hans Holbein d. Ä., zeugt von der Verwechslung. Es zeigt zwei Geschichten auf einmal: Im Vordergrund ist der Schlussteil der lukanischen Fusssalbungsgeschichte zu sehen. Mit segnender Geste hat Jesus die Hand erhoben; die Frau, mit ihren ausgebreiteten Händen den Segen empfangend, ist bereits wie Jesus von einem Heiligenschein umgeben. Oben in der Bildmitte findet sich, etwas kleiner, eine Darstellung der legendären Verzückung (auch: Erhebung) der Maria von Magdala. Aus der Kombination dieser beiden Darstellungen lässt sich schliessen, dass Sigmund Holbein die Frau mit Maria von Magdala identifizierte.

FAIRgebung

Die Auslegungs- und Wirkungsgeschichte der Fusssalbung Jesu steht also ganz im Licht einer Auffassung von Prostitution als moralischem Problem. Aber entscheidet sich eine Frau wirklich aus freien Stücken dafür, sich Männern in dieser Weise verfügbar zu machen? In der Regel wohl kaum. Eher arbeitet sie als Prostituierte, weil sie aus ökonomischen Gründen keinen anderen Ausweg mehr sehen kann. Das war damals, als das jüdische Volk unter der Herrschaft der Römer stand, nicht anders als heute.

Es ist daher denkbar, dass die Tränen der Frau weder aus Reue noch aus Dankbarkeit auf Jesu Füsse tropften, sondern aus der Einsicht in die Notlage, in der sich die Frau vor Gott und den Menschen befand. Wirtschaftliche Not hatte sie ins moralische und soziale Abseits befördert.

Wer in dieser Situation von der Frau Umkehr im moralischen oder religiösen Sinn fordert, sieht völlig an der Realität der Frau vorbei. Wie soll sie das können, wenn sich nicht gleichzeitig ihre soziale Lage verbessert? Die Prostituierte ist vielmehr darauf angewiesen, dass ihr ihre Menschenwürde trotz oder gerade in ihrer Situation zuerkannt wird.

Genau das, so meine Interpretation der Erzählung, tut Jesus im Haus des Simon. In seinem Gewährenlassen und mit seinen Worten drückt Jesus aus, dass der Frau vergeben ist. Die dabei im Urtext verwendete griechische Verbform («Ihr sind viele Sünden vergeben...») zeigt, dass diese Vergebung nicht an einen bestimmten Zeitpunkt gebunden ist. Sie begleitet die Frau ihr ganzes Leben lang. Jesus spricht der Prostituierten Gnade zu, unabhängig davon, ob es ihr gelingt, aus ihrer Lebenssituation auszubrechen oder nicht. Diese Ambivalenz wird durch

Sigmund Holbein (um 1470–1540),
Christus im Hause des Simon,
Öffentliche Kunstsammlung Basel,
Kunstmuseum

die Worte Jesu («...denn sie hat viel geliebt») noch unterstrichen. Welche Liebe Jesus damit gemeint haben könnte – die Liebe zu ihm oder die Liebe als Hure –, diese Frage kann nicht beantwortet werden, noch soll sie es.

Bezeichnend ist, dass der Frau Vergebung – und das heisst für mich nichts anderes als Würde – zugesprochen wird, weil sie die Aktive ist. Ihre Notlage bricht sie durch ihre eigene Handlung auf. Jesus tritt hier nicht als Spender der Vergebung auf, sondern als Vermittler von etwas, das schon vorher stattgefunden hat. Der Ursprung der Vergebung liegt in dem Selbstvertrauen der Frau selbst, in ihrer Liebe, ihrem Glauben.

Prostitution ist der Extremfall eines Machtverhältnisses, in dem Frauen als verfügbar definiert sind. Wenn ich mich heute für Gleichberechtigung stark mache, so stelle ich mich in eine Linie mit der Frau dieser biblischen Geschichte. Von ihr kann ich lernen, meine Berechtigung, als gleiche unter gleichen vor andere Menschen und vor Gott zu treten, zu leben. Ihr Mut schenkt mir Kraft.

Ich glaube
an die verändernde Kraft
des Selbstbewusstseins,
das sich nicht damit zufrieden gibt,
dass ist,
was ist,
und in seinem Kampf um Würde
den göttlichen Segen
mit sich hat.

Literaturhinweise

Marga Anstett-Janssen: Maria Magdalena, in: Lexikon der christlichen Ikonographie, Bd. 7, Freiburg i. Br. 1974

Emil Erdin: Das Kloster der Reuerinnen Sancta Maria Magdalena an den Steinen zu Basel von den Anfängen bis zur Reformation, Diss. Freiburg/Schweiz 1956

Ingrid Maisch: Maria Magdalena. Zwischen Verachtung und Verehrung. Das Bild einer Frau im Spiegel der Jahrhunderte, Freiburg i. Br. 1996

Elisabeth Moltmann-Wendel: Ein eigener Mensch werden. Frauen um Jesus, Gütersloh 1991[7]

Christa Mulack: Die Weiblichkeit Gottes, Stuttgart 1983[2]

Luise Schottroff: Die grosse Liebende und der Pharisäer Simon, in: Leonore Siegele-Wenschkewitz (Hrsg.): Verdrängte Vergangenheit, die uns bedrängt, München 1988, S. 147–163

Renate Wind: Maria – aus Nazareth – aus Bethanien – aus Magdala. Drei Frauengeschichten, Gütersloh 1996

Autorinnen

Ivana Bendik, geb. 1961, ist Theologin und lebt in Basel.

Sabine Bieberstein, Dr. theol., geb. 1962, promovierte 1997 an der Theologischen Fakultät der Universität Freiburg (Schweiz) mit einer Arbeit über die galiläischen Jüngerinnen Jesu im Lukasevangelium, arbeitet seit Herbst 1997 als Pastoralassistentin in der Zentrumspfarrei von Bern und ist ausserdem in der biblischen Erwachsenenbildung tätig.

Irina Bossart, geb. 1968, studiert Geschichte und Theologie in Basel, schliesst derzeit das Studium mit dem Lizentiat ab. Nach der Matura Ausbildung zur Textil- und Werklehrerin, arbeitet teilzeitlich im Beruf. Seit Nov. 1992 Engagement beim Frauenstadtrundgang Basel, Mitarbeit bei drei Rundgängen und bei der Publikation Quergängerin 5: «Do samletten sich die wiber...»

Franziska Edelmann, geb. 1971, hat nach einer Musik-Matur in Basel und Montpellier Theologie studiert mit den Schwerpunkten Wirtschaftsethik und Feministische Theologie. Zur Zeit absolviert sie das einjährige pfarramtliche Praktikum in Therwil.

Käthy Ehrensperger, geb. 1956, Studien in Basel und Bern, seit 1987 Pfarrerin in Binningen-Bottmingen. Interessenschwerpunkte: christlich-jüdischer Dialog, feministische Theologie, Religionspädagogik. Arbeit an einer Dissertation über «Verändertes Paulusbild und feministische Theologie». Drei Kinder.

Ruth Epting, Dr. theol. h.c., geb. 1919, 1942–1946 Studium der Theologie in Basel. 1947 Ordination. 1948–1953 Vikarin im Aufbau der weiblichen Jugendarbeit in Nachkriegsdeutschland. Anschliessend verschiedene Vertretungen. 1955 als Vikarin an die Oekolampadgemeinde Basel berufen. 1958 als Pfarrhelferin angestellt und 1960 zur Pfarrerin gewählt. 1971/72 Aushilfe im Theological College of the Presbyterian Church in Cameroon in Nyasoso. Anschliessend Rückkehr in die Oekolampadgemeinde. 1974–1981 Referentin der Basler Mission für Erwachsenenbildung, Frauenarbeit und Kandidaten. Seit 1978 am Aufbau eines ökumenischen Frauennetzes in Europa beteiligt. 1982 Mitbegründerin des Ökumenischen Forums christlicher Frauen in Europa.

Li Hangartner, geb. 1953, Luzern, ist Theologin und arbeitet im Veranstaltungsbereich des Romero-Hauses und ist Ko-Leiterin der Frauenkirchenstelle des Vereins Frauen und Kirche.

Brigitte Hauser, geb. 1963, Ausbildung zur Krankenschwester, dann Studium der Theologie in Basel und Madurai/Indien, Pfarrerin in Thun.

Verena Jegher-Bucher, Dr. theol., geb. 1932, ist Mutter von vier erwachsenen Kindern. Sie hat vor der Heirat klassische Philologie, später Theologie studiert und mit einer Dissertation über den Galaterbrief abgeschlossen. Heute unterrichtet sie Theologie-Studierende, ist engagiert in der Friedensarbeit und gibt Kurse in «einfühlender Kommunikation und gewaltfreier Konfliktlösung».

Christina Kurth, Dr. des. theol., geb. 1963, Assistentin für Neues Testament in Basel mit Schwerpunkt christlich-jüdische Beziehungen; im Sommer jeweils als Sennerin auf verschiedenen Bündner Alpen.

Agnes Leu, geb. 1958, studierte auf dem zweiten Bildungsweg Theologie in Bern. Seither Beschäftigung mit Feministischer Theologie und Engagement in Frauengruppen. Nach dem Studium Berufstätigkeit in verschiedenen Bernischen Kirchgemeinden. Sie ist verheiratet und hat zwei Töchter. Seit 1997 Leiterin der Projektstelle für Frauen im Forum für Zeitfragen, Basel.

Regine Munz, Dr. theol., geb. 1961, wissenschaftliche Assistentin an der Universität Basel. Studium der Theaterwissenschaften, Politologie, Germanistik und Theologie in Berlin und Basel, Pfarrerin der Württembergischen Landeskirche, seit 1992 Assistentin für Systematische Theologie, Organisation von Lehrveranstaltungen im Bereich feministischer Theologie. Zur Zeit Präsidentin des Vereins Projekt Frauentheologie.

Gabriela Pitsch, geb. 1962. Einige Jahre Berufspraxis als Lehrerin. Danach Studium der Theologie in Basel und Madurai/Indien und Ausbildung zur Pfarrerin.

Silvia Schroer, Prof. Dr. theol., geb. 1958, ist katholische Bibelwissenschaftlerin und seit 1997 Professorin für Altes Testament und Biblische Umwelt an der Evangelisch-theologischen Fakultät Bern. Von 1987–92 hat sie die Bibelpastorale Arbeitsstelle des Schweizerischen Katholischen Bibelwerks in Zürich geleitet. Zahlreiche Publikationen im Bereich Religionsgeschichte, altorientalische Bildsymbolik und feministische Exegese.

Doris Strahm, Dr. theol., geb. 1953, feministische Theologin und Publizistin, freiberufliche Lehrtätigkeit, Mitherausgeberin der feministisch-theologischen Zeitschrift FAMA.

Silvia Strahm Bernet, geb. 1955, freischaffende Theologin und Publizistin, Ko-Leiterin der Frauenkirchenstelle des Vereins Frauen und Kirche Luzern.

Mirjam Wey, geb. 1964, ist Primarlehrerin und Pfarrerin. Sie hat eine Teilzeitstelle in der Kirchgemeinde Unterseen (BE).

Quergängerin I:
Frauenarbeit
Diese Publikation dokumentiert den Arbeitsalltag von Frauen aus den Basler Unterschichten. Der zeitliche Schwerpunkt liegt im 19. Jahrhundert. Zur Darstellung gelangen unter anderem die Arbeitsverhältnisse von Dienstbotinnen, von Fabrik- und Heimarbeiterinnen, von hausierenden Sandverkäuferinnen sowie von Prostituierten.

Quergängerin II:
StattgeschichteN
Beziehungsnetze verschiedener Art stehen im Zentrum der zweiten Publikation. Erzählt werden verschiedene Geschichten, in denen Frauen als Akteurinnen im Mittelpunkt stehen. Anhand von Familien- und Nachbarschaftsbeziehungen, Frauenlebens- und Arbeitsgemeinschaften oder von Frauentreffpunkten werden unterschiedliche Frauennetze quer durch die Jahrhunderte dargestellt: vom Frauenkloster Klingental im 15. Jahrhundert bis hin zum Café Frauenzimmer des ausgehenden 20. Jahrhunderts.

Quergängerin III:
Baselbieterinnen auf dem Weg...
Die dritte Publikation ist ein Beitrag zur Geschichte der Baselbieterinnen. Sie zeigt unbelehrbare Hebammen, streitsüchtige Hausiererinnen, unerhörte Revolutionärinnen und nachlässige Hausfrauen. Es sind Geschichten mit, von und zu Frauen auf dem Weg.

Rundgänge
Frauenarbeit (1990)
StattgeschichteN (1991)
Baselbieterinnen auf dem Weg... (1992)
nAcKT (1992)
Sichtwechsel – Frauen sehen Planung anders (1993)
WeiberMachtGeschichteN (1993)
BiblischeFrauenGestalten Basel – Ein ZeitSpiegel (1994)
Blickwechsel: ein Rundgang durch das Museum für Gegenwartskunst (1994)
1945: Frauen an Grenzen, Grenzen von Frauen (1995)
FRAUEN WaEhLT Politik (1995)
fremdKörper (1996)
FemiNah (1996)
Wo der Tod tanzt – (nicht) alltägliche Begegnungen mit der Schattenwelt (1996)
Geschichten aus der Empore: Auf den Spuren jüdischer Frauen in Basel (1997)
Was Frauen machen, wenn Männer Staaten gründen (1998)

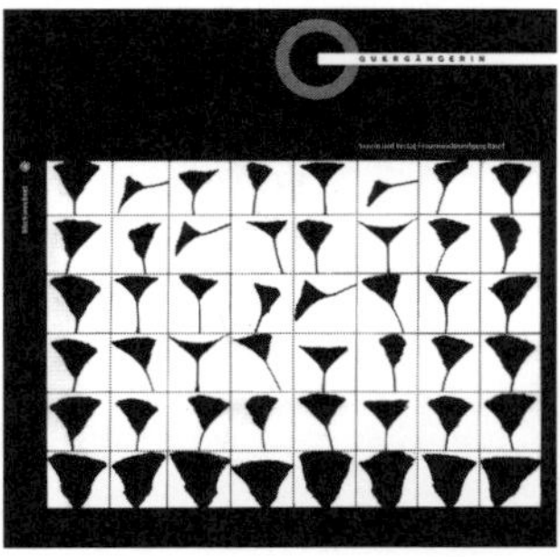

Quergängerin IV:

Blickwechsel

Frauen in der Kunst bilden den thematischen Schwerpunkt der vierten Publikation. Die einzelnen Beiträge setzen sich mit der nackten Frau als Objekt der Darstellung, dem weiblichen Mäzenatentum und Künstlerinnen von heute auseinander. An Werken von Valie Export, Claudia und Julia Müller, Pipilotti Rist und Gary Hill wird die Frage einer geschlechtsspezifischen Wahrnehmung und Ästhetik diskutiert. Blickwechsel will eine neue Sicht auf altbekannte Fragen werfen.

Quergängerin V:

«Do samletten sich die wiber...»

Beginen, 50 Frauen während der Reformation, Wibrandis Rosenblatt, Salome Schönauerin, Ester Träumerin, Salome Geymüller, die Witwe Baum, Dienstmägde, Missionarsfrauen, Klavierspielerinnen, Lehrerinnen des Mädchengymnasiums... Sie haben in vielfältiger Weise auf intellektueller, politischer, rechtlicher oder religiöser Ebene Einfluss genommen. Die Quergängerin V macht Strategien und Handlungsmöglichkeiten von Frauen zum Thema. Sie «versammelt» eine Auswahl von Beiträgen aus den drei Frauenstadtrundgängen WeiberMachtGeschichteN, Biblische FrauenGestalten Basel und fremdKörper.

Quergängerin VI:

Geschichten aus der Empore. Auf den Spuren jüdischer Frauen in Basel

In der Synagoge in Basel sitzen die Frauen von den Männern getrennt auf der Empore. In diesem Buch kommen jüdische Baslerinnen zu Wort, die ihren Platz als Beobachterinnen auf der Empore verlassen haben und aktiv Geschichte machen. Die aussagekräftigen Bilder der Basler Malerin Susanne Levy illustrieren die Beiträge.

Verein Frauenstadtrundgang Basel
Postfach 1406, 4001 Basel
Telefon 061–261 56 36

Bildnachweis

l: links o: oben m: mitte
r: rechts u: unten

Irina Bossart: 6, 17, 19o, 31, 39o, 39m, 44, 45o+u, 46l+r, 54f, 56, 57, 61 (Nr. 7+8), 65, 66u, 69, 77u, 79, 81, 85, 87o, 120, 121u, 125
Margrit Bossart-Högger: 19m, 27o, 39u, 42, 43, 61 (Nr. 6+5), 64o, 66o, 71o, 72o, 77o, 87u, 107o, 121o, 127o
Erik Schmidt: 27u, 37, 62, 71u, 74
Basler Denkmalpflege: 41, 48, 49, 98, 101
EMB-Service Luzern: 32
Forum für Zeitfragen: 59
Gesellschaft für Schweizerische Kunstgeschichte: 19u, 123
Historisches Museum Basel, Foto: HMB Maurice Babey: 21, 25, 72u, 105, 108, 113, 114f, 118
Öffentliche Kunstsammlung Basel; Foto: ÖKB: 7, 64u, 88f, 134, 136, 141, 143
Öffentliche Kunstsammlung Basel, Kupferstichkabinett; Foto: ÖKB: 128,130f
Staatliche Museen zu Berlin PK, Gemäldegalerie: 94, 96f
Staatsarchiv Basel: Stadtplan (um 1940, Regist.-Nr. Z 4. 281(AS))
Universitätsbibliothek Basel: 50

Impressum

1. Auflage 1999

Herausgeberin: Verein Frauenstadtrundgang Basel
Gestaltung: art-verwandt, Ursula Stolzenburg
Lithos: Bader Repro AG, Münchenstein
Druck: freiburger graphische betriebe, Freiburg i.Br..
Printed in Germany

Für die freundliche Mitarbeit danken wir:
Margrit Bossart-Högger
Claudia Bosshardt
Ursina Meienberg
Barbara Rettenmund
Erik Schmidt
Ursula Stolzenburg
Liliane Studer
Basler Denkmalpflege
Brot für alle/Fastenopfer, Bern
EMB Service Luzern
Historisches Museum Basel
Öffentliche Kunstsammlung Basel
Schweizerische Gesellschaft für Kunstgeschichte
Staatsarchiv Basel
Staatliche Museen Berlin, Gemäldegalerie
Universitätsbibliothek Basel
und allen weiteren, die mitgeholfen haben

Für die finanzielle Unterstützung danken wir:
Kooperation Evangelischer Kirchen und Missionen (KEM)
Evangelisch-reformierte Kirche Basel-Stadt
Katholischer Frauenbund Basel
Römisch-Katholische Kirche Basel-Stadt
Lotteriefonds Basel-Stadt

BASEL STADT

Die Deutsche Bibliothek - CIP-Einheitsaufnahme
Bildschön & geistreich : biblische Frauen im Spiegelbild der Stadt ; sechs theologische Rundgänge durch Basel / Verein Frauenstadtrundgang Basel (Hg.). - Bern : eFeF-Verl., 1999
ISBN 3-905561-27-1